大学健美操教程

吴亚娟　　编著

西北工业大学出版社

图书在片编目(CIP)数据

大学健美操教程/吴亚娟编著.—西安:西北工业大学出版社,2009.8(2024.7重印)
ISBN 978-7-5612-2613-1

Ⅰ.大… Ⅱ.①吴 Ⅲ.健美操—高等学校—教材 Ⅳ.G831.3

中国版本图书馆CIP数据核字(2009)第134747号

出片发行:西北工业大学出版社
通信地址:西安市友谊西路127号 邮编:710072
电　　话:(029)88493844 8849757
网　　址:www.nwpup.com
印 刷 者:西安五星印刷有限公司
开　　本:787 mm×1 092 mm 1/16
印　　张:11.375
字　　数:276千字
版　　次:2009年8月第1版 2024年7月第4次印刷
定　　价:35.00元

前　言

《大学健美操教程》是长安大学立项规划教材。随着高校教育改革的需求而诞生的体育俱乐部的教学模式，强调课内外体育与社会有机结合，使学生全面精通地掌握一两项终身体育锻炼项目。本书编写了适合普通高校选项课和本专业教学课程的内容，共分为九章——健美操基本理论与基本技术、健美操示范套路与教学原创、竞技健美操、健美操竞赛组织与裁判工作、科学打造形体美、大学时尚健身课程的基本理论与基本技术，包括了项目的起源与发展，项目的特色与功能，突出体育文化素质，树立健康意识和终身体育观念。

正确掌握健美操基本技术与专业能力，是该书的主要部分，是作者从教近三十年来的教学经验总结并创编了适合大学生生理、心理特点并能全面提高身体素质锻炼的套路，在教学中深受学生喜爱。本书创编的健美操示范套路，以直接指导教学实践与教师使用和学生阅读、应用相结合为特色。本书内容丰富、结构严谨、图文并茂，是一本适合高校俱乐部教学模式以及各兄弟院校课外学生用书需要的教材。

本教程在编写过程中，参考、引用了书后所附参考文献及有关资料，在此表示衷心的感谢！同时感谢在资料收集，图片制作过程中各界人士所给予的大力支持！由于编者水平有限，如有不妥之处还望指正。

编　者

2009 年 12 月

目　录

第一章 健美操概述

健美操是集音乐、舞蹈、体操、美学于一体的新型体育项目，它以其自身固有的价值和魅力，风靡世界，深受广大群众特别是青年学生的喜爱。目前，健美操已列入我国学校体育教学大纲，成为学校体育教学的主要内容之一。本章重点阐述了健美操的起源与发展，健美操的概念、分类与特点以及健美操的锻炼价值，使学生对健美操的概况有一个基本的了解。

第一节 健美操的起源、发展与概念

一、健美操的起源与发展

1. 国际健美操的起源与发展

健美操的起源应追溯到两千多年前。古希腊人对人体美的崇尚举世闻名。他们认为，在世界万物之中，只有人体的健美才是最匀称、最和谐、最庄重、最有生气和最完美的。古希腊人喜爱采用跑跳，投掷，柔软体操和健美舞蹈等各种体育项目进行人体美的锻炼。他们提出了“体操锻炼身体，音乐陶冶精神”的主张。

古印度很早就流行一种瑜伽术，它把姿势、呼吸和意念紧密结合起来，通过调身（摆正姿势）、调息（调整呼吸）、调心（意守丹田入静），运用意识对肌体进行自我调节，健美身心，达到延年益寿。瑜伽健身术动作包括站立、跪、卧、弓步等各种基本姿势。这些姿势与当前世界流行的健美操所常用的基本姿势是一致的。古代人对健身健美的追求，以及提倡体操与音乐结合的主张是现代健美操形成与发展的基础。

进入欧洲文艺复兴时期，被遗忘的古希腊、古罗马等古典文化重新被振兴，人体美备受重视。许多教育家认为古希腊体操是健美人体最完整的体育系统，提倡开展体操运动。17世纪意大利医生墨库里奥斯（1530—1606 年）在 1569 年出版的六卷《体操艺术》著作中，详细论述了各种形式的体操动作。18 世纪德国著名体育活动家艾泽沦开设了培训体育师资的课程，创造了哑铃、吊环等运动。这些形式的锻炼，既是现代体操的雏形，也是现代健美操的起源。

以“体操运动之父”闻名的约翰·古茨·穆尔（1759—1839 年），对体操的发展有着深远的影响，许多国家翻译并运用了他的体操专著。他在著作中强调指出：体操应能使人感到愉快，体操练习应能使人得到全面发展。欧洲著名的体操倡导者维特（1763—1816 年）采用游戏和娱乐的形式推广体操，增加了体操的趣味性。

19 世纪的欧洲，先后在法国、德国、瑞典、丹麦、捷克等地出现了各种体操学派。德国人皮斯（1760—1858 年）富有音乐天才，他把体操从社会引到学校，为体操动作配曲。他的体操是在音乐伴奏下进行的。丹麦体操家布克创造了“基本体操”，他把体操动作分为若干类，并编成适合不同性别、不同年龄的各种体操。在健美操研究中，有人提出：健美操是在“基本体操”的基础上发展起来的，确实有一定的道理。

瑞典体操学派的创始人佩尔·亨里克·林（1776—1836 年）把解剖学、生理学的知识用于体操，强调身体各部位及身心应协调发展，培养健美体态。根据体操练习的功能将其分为教育、军事、医疗和美学四大类，他的理论为现代健美操的理论和实践奠定了坚实的理论基础。

弗朗索瓦·德尔沙特（1811—1871 年）为了帮助演员在表演中姿态自然，举止仪表富有表现力，在法国建立了德尔沙特体系。他赋予体操动作两个新的特征：美感和富于表情。由于他的体系重视优美和均衡，对发展健美形体作用较大，所以在 19 世纪末，他的体系在女子体操中非常流行。美国的热纳维芙·斯特宾斯女士，综合了德尔沙特体系和瑞典学派亨里克·林的体系，创造了自己的一套体操体系，目的是使身体训练成为一种可以表达优美艺术的有效工具。她的观点和方法，对发展欧洲现代健美操产生了强烈的影响。

瑞士教育家雅克·克尔克罗兹（1865—1950 年）设计了一种描述肌肉活动和音乐伴奏相结合的音乐体操。他所设计的成套练习是为了通过自然的身体活动来发展学生的音乐和节奏感。欣里希·梅道（1890—）也是达克尔罗兹体系的一位学者，他创编了一套适用于少女和成年女子的体操体系，认为该体系可以促进身体健康、姿态优美和举止高雅。他还认为音乐对于动作的节奏性和表现力是一个极为重要的因素。因此他在训练和正式演出中都采用了音乐。在教学活动中，他强调自然的全身动作，强调领略动作中的快感和美感。

埃丽·布若尔克斯登（1870—1947 年）女士是赫尔辛基大学的一位体操教师，她的体操宗旨是不限于提供身体练习，而应该把人的思想、躯体和精神从紧张和抑制中解放出来，培养和谐的个性。

从上述各种体操流派的教育思想、教学方法和动作技术上看，都与现代健美操有着密不可分的联系，即注重人体健康和优美，注重自然的全身动作，注重动作节奏流畅性。这正是现代健美操发展的初级阶段。

现代健美操实际上是从 20 世纪 60 年代初开始萌芽的，最初是美国太空总署医生库帕博士为太空人设计的体能训练阿络别克项目，1969 年杰姬·索伦森综合了体操和现代舞创编了健美操，这种操带有娱乐性，简单易学，深受人们的欢迎。20 世纪 70 年代在美国迅速兴起，掀起热潮。

美国健美操代表人物——简·方达——为健美操在世界的推广作出了杰出贡献。

简·方达 1937 年生于纽约，是 20 世纪 70 年代崛起的好莱坞电影明星，两次获得奥斯卡金像奖和金球奖，获得第 30 届戛纳国际电影节最佳女主角。简·方达从小并没有先天的好身材，长到十二三岁时又矮又胖。为了苗条，她采用“节食”“呕吐”等方法进行减肥，后来她发现可卡因能减轻体重，遂兴奋不已，便使用可卡因减肥，大量的可卡因损伤了她的胃口，医生告诉她利尿剂可以减肥，为此她整整服用了 20 年。为了苗条的体形，她坚持服用利尿剂，排除体内水分，以达到减肥目的，但她发现，体重减轻了，体力也下降了。随着服药时间的增长，利尿剂的作用越来越小，不得不增大服用剂量。1976 年伦敦的一位医生向她指出，长期服用利尿剂会造成身体缺钾，从而引起严重的肌肉和肾脏功能衰竭。但这位医生并没有向她提供更好的有效的减肥方法帮她减肥。当时简·方达苦闷极了，她想喊：为什么没有一个医生在 20 年前就告诉人们服用利尿剂减肥的害处？为什么没有一种好办法既能减肥又不损伤身体？她在痛苦的失败中吸取教训，认识到“健康的美才是真正的美，持久的美”。从此，简·方达走上了体育锻炼的道路，通过健美操来保持身体的健康和体态苗条。简·方达成功了，为了向人们介绍健康减肥的方法，她根据自己从事健身锻炼获得了健美形体的成功体验，撰写了《简·方达健身术》一书，以自己的名声和现身说法提倡健美操运动。该书自 1981 年首次在美国出版以来，一直畅销不衰，并被译成 20 多种文字，在世界 30 多个国家发行。这位好莱坞著名影星和现代健美操专家已成为 20 世纪 80 年代健美操杰出的代表。在她的感召和影响下，健美操在世界各地迅速兴起，健身俱乐部、健美操中心如雨后春笋般蓬勃发展。

美国创办了上千个健美操俱乐部、健身房，为人们提供了从事健美操锻炼的场所。1984 年美国有约 7 万人参加各种类型的健美操练习，用于体操、舞蹈和健美操的活动经费每年约 2.4 亿美元。

1985 年，美国首次举行阿络别克健美操比赛。来自全美各地、身体优美的男女健美操运动员，以极大的热情和充沛的体力，在 5 平方米的场地上，用一分半到两分钟的时间表演造型美观、力度明显、变化多样、流畅舒展的男女单人、混合双人、女子三人的成套健美操，受到参观者的热烈欢迎。每套操的比赛内容包括俯卧撑 4 次，仰卧起坐 4 次，高踢腿 4 次，5 秒钟连续原地跳四类规定动作。另外还有大量的徒手操动作，现代舞和民间舞蹈动作及简单的技巧性动作如前翻滚、前软翻、劈叉等。其动作设计绝大多数是对称的，既设计巧妙，又造型美观。运动员在每 10 秒 20～24 拍的快节奏音乐伴奏下边舞边操舞蹈动作令人兴奋，充分显示了青春活力。正是通过这次比赛，健美操得到了迅速推广和发展，现已成为一项全球性的运动。

近十几年来，美国以健身、健美为主的健美操和以比赛为主的竞技健美操，一直处于世界领先地位，为世界的健美操发展作出了很大的贡献。

欧洲健美操的开展也很普及，法国做健美操的人已达 400 万人，仅巴黎就有 1 000 个健美操中心。10 每个星期日上午 10 点有 500 万法国人，随着电视中领操员的口令做 1 小时健美操。

德国人为了行体美不惜花钱，而意大利的罗马有 40 处健美操场所，每天做操的人从早到晚从不间断。

苏联把健美操列入大中小学教学大纲中，并多次举办全国性教练员培训班，定期在电视台向广大健美操爱好者教授健美操。波兰、保加利亚等东欧国家的健美操开展情况与苏联相似。

亚洲健美操发展也是风起云涌。早在 1982 年 10 月 3 日日本“国民体育大会”上就有 420 名 50 岁以上老人表演了“健身体操”。1984 年首届远东健美操大赛在日本举行。同时健美操在新加坡、韩国、香港地区以及东南亚国家和地区也迅速兴盛起来。1987 年日本成立了健美操协会。

2.我国健美操的兴起与发展

健美操在我国并非无源之水、无本之木。早在两千多年前，中国古代导引图上，就彩绘着44个不同性别、不同年龄、栩栩如生、做着各种不同姿势的人物，有站、立、蹲、坐等基本姿势，臂屈伸、方步、转体、跳跃等各种动作，几乎和当今的健美操动作相仿。三国时魏国大诗人曹植在《洛神赋》中描写洛神的形体美时说："哝纤得衷，修短合适，肩若削成，腰如东素"，就是说，洛神不胖不瘦，不高不矮，肩膀鲜明而圆滑，腰肢纤细而柔软。

1840年鸦片战争以后，欧美各国体操相继传入我国。1905年徐锡麟、陶成章在大通师范学堂开设了"体操专修课"。1908年上海创办了我国最有影响的第一所体操院校，教学的主要内容有徒手体操、器械体操、兵式体操、音乐体操和舞蹈等。1937年康建书局出版发行了马济翰先生写的《女子健美体操集》专著，该书以"貌美与健美""妇女健康的运动""中年妇女的美容操""增进肌体美的五分钟美容操""女子健康柔软操"共五章，阐述了人体美的价值、练习方法和要求；介绍了采用站立、坐卧做的各种健美操，并附有30多幅照片，其动作与现代女子健美操有许多相似之处。该书在摘要中介绍说："本书所选欧美各国最新发明的体操动作数种，有适于少年妇女者，有适于中年妇女者，皆为铸颜之秘诀，增美之奇效。"后又相继出版了《男子健美体操集》，增加了哑铃等轻机械的练习内容，许多动作与现代健美操十分相近。这两本书说明我国早在20世纪30年代就已介绍和开展了欧美各国的健美操。

自1949年新中国成立后，我国首次推广的第一套广播体操到现在的第八套韵律体操，都是把肢体活动与音乐节奏融为一体的健身体操。

现代健美操在我国的兴起应该是20世纪70年代末80年代初。1981年1月4日在《中国青年报》上发表了陆保钟、牛乾元的特约稿《人体美的追求》。1982年2月中国青年出版社出版了印数近29万册的《美·怎样才算美》一书，选登了陈德星编制的"女青年健美操"和牛乾元编制的"男青年哑铃操"。从此"健美操"一词迅速被广大体育工作者采用。在各种新闻媒体的大力宣传下，世界性的健美操热在我国拉开了序幕。1982年底上海电视台录制了娄啄玉的形体健美操、持环健美操等专题节目，1983年人民体育出版社出版了体育报增刊《健与美》。从1984年起，中央电视台相继播放了孙玉昆创编的"女子健美操"、马华的"健美5分钟""美国健身术""动感组合"等，为健美操在我国的宣传与普及起到了积极的引导作用。

1984年原北京体育学院成立了健美操研究室，接着上海体院也成立了健美操研究室，率先开设了选修和专修课。随着健美操的深入开展，健美操从社会进入了学校，并根据原国家教委对体育教学的要求被列入各级学校体育大纲之中。目前健美操已成为我国各级各类学校体育课或课外活动中一项深受师生欢迎的教学内容和锻炼方法。

在我国健身健美操蓬勃发展的同时，以竞技为主要目的的竞技健美操也在迅速发展。1986年4月6日在广州举办了首届"全国女子健美操邀请赛"，共有8省市9支代表队参加集体6人和个人两项比赛，这次邀请赛开创了我国竞技健美操的新路，探索了我国竞技健美操的比赛方法，展示了我国健美操的发展成果。1987年5月，由康华健美康复研究所、原北京体育学院、中央电视台等单位联合举办了我国首届正式的竞技健美操比赛——长城杯健美操友好邀请赛(见表1-1)。这次比赛引入了美国阿洛别克健美操的比赛项目，结合我国健美操比赛特点，进行了男女单人、混双、男女3人、混合6人5个项目的比赛，每套操和美国的健美操比赛一样，有特定的动作要求和时间要求。这次比赛共有全国各省市30多个代表队，200多名运动员参加，盛况空前。1989年1月在贵州举行了第3届长城杯健美操邀请赛，正式使用了国家体委审定的具有中国特色的健美操竞技赛规则，使我国竞技健美操的发展朝着国际方向又前进了一步。为了把我国健美操推向世界，1988年6月由康华健美康复研究所和中央电视台联合举办了长城杯国际健美操邀请赛，有中国、美国、日本、香港、巴西、克拉克国际健美中心等6个国家和地区的30多名运动员参赛，同时在北京成立了国际健美操协会筹委会，以促进国际健美操运动的发展。

目前，国际上共有7个健美操组织。其中最有国际影响的是IAF（国际健美操联合会），总部设在日本。FISAF（国际健美操健身联合会）总部设在美国。1994年FIG（国际体操联合会）这个资格最老的体育单项联合会成立了专门的健美操委员会，并于1995年12月在法国巴黎举办了首次比赛，中国代表队也首次走出国门，迈出了历史性的第一步。

表 1-1

次	时间	地点	比　赛　名　称
1	1987年5月	北京	全国首届长城杯健美操友好邀请赛
2	1988年6月	北京	全国长处杯健美操国际邀请赛
3	1989年1月	贵州	全国健美操邀请赛
4	1990年5月	昆明	全国健美操邀请赛
5	1991年6月	北京	全国健美操锦标赛
6	1992年10月	北京	全国健美操冠军赛
7	1993年8月	南京	全国大学生健美操锦标赛
8	1994年5月	南昌	全国健美操锦标赛
9	1995年5月	厦门	全国健美（操）锦标赛
10	1996年	沈阳	全国健美操锦标赛
11	1996年10月	西安	全国大学生健美操锦标赛
12	1997年	扬州	首届“春子杯”健美操运动会
13	1998年	成都	第二届健美操运动会暨健美操锦标赛
14	1999年6月	萧山	全国健美操锦标赛

二、健美操的概念

由于健美操是一项新兴的体育运动项目，且发展迅速，因此人们对健美操的认识理解各不相同，关于健美操的概念也众说纷纭。

瑞典著名现代体操家Meekman被称为韵律体操的创始人，她主张韵律体操动作的创造，

"应将人体的运动规律融贯进动作中去。韵律体操应体现运动员的喜悦、动作的创造性和现代音乐与身心的结合"。韵律体操"可当做节奏体操的新式动作形态体操"。

日本佐藤正子是瑞典体操家 Meekman 的推崇者。她认为健美操应定义为:"将具有效果的爵士技巧中之独立性和多中心性,应用于身体运动上,并根据体操的原理,融于运动之中,使之成为体操之体系化上的一环。"

苏联学者认为:"力量、耐力、柔软加上美就是健美操的公式。"

美国健美操代表人简·方达认为健美操是一种"改变形体和心理感觉的体操"。

我国的一些健美专家,近些年来对健美操的定义也提出了各种各样的看法:

"健美操主要是以舞蹈和体操相结合,配以流行的节奏音乐,达到有效训练目的的体操"。

"健美操是操化了的,为了人体健康而进行的动态选美比赛"。

"健美操是以人体自身为对象,以健美为目标,以身体练习为内容,以艺术创造为手段,融体操、舞蹈、音乐于一体的一项新兴体育项目"。

"健美操是根据人体的生理特点,为了追求人体美,在音乐伴奏下所进行的体操与舞蹈动作结合的边沿性综合运动项目"。

纵观健美操的特点与发展,结合专家的观点,健美操的概念应为:健美操是融体育、音乐、舞蹈、美于一体,通过徒手、手持轻器械和用专门器械的操化练习达到健身、健美和健心目的的一种新兴娱乐、观赏性体育项目。

顾名思义,健美操是以健身健美为主要特点的运动项目,其内容丰富,简单易学,变化繁多,不受年龄、性别、场地、器械的限制,可使全身各类关节都得到充分的活动,各部位的肌肉得到均衡的发展,塑造出良好的体态。

健美操作为一种运动项目,除了具有一般体育活动共有的锻炼身体、增进健康、增强体质的作用外,对女子减肥和改善体形体态,提高韵律及身体协调性有着特殊的作用。它不仅强调"健"而且还强调"美",把体育与美融为一体,可陶冶美好的情操。

第二节 健美操的分类与特点

一、 健美操的分类

根据目的任务健美操可划分为健身性健美操、表演性健美操和竞技性健美操三大类。

1. 健身性健美操

健身性健美操主要以健身、健美、健心为目的,在编排上体现出较大的随意性,时间可长可短,不受场地和器械设备的限制,重在身体锻炼。其练习形式可分为热身部分、有氧练习部分、形体练习部分和放松部分等。成套动作一般是从头颈、四肢、全身、跳跃、放松等练习顺序来编排的。活动的顺序是从身体的远端开始,逐渐过渡到躯干部位。运动强度和难度相对较低,重复次数多,活动对称,活泼流畅,讲究实效,有针对性,节奏感强,使练习者锻炼后轻松自如,从而提高身体的工作能力,达到再现自我的效果。这类健美操适合社会各阶层和各年龄段的人,是一项很好的体育休闲、娱乐健身活动。

健身性健美操根据不同的需要，从不同的角度，按不同的特征又可分为许多种类：

按人体解剖部位区分，有颈部健美操、肩部健美操、手臂健美操、胸部健美操、腰腹部健美操、髋部健美操、腿部健美操等。这类操是对人体某个部位进行有针对性的锻炼。

按年龄区分，有老年健美操、中年健美操、青年健美操、少儿健美操、幼儿健美操等。这类操是根据人在不同年龄阶段的不同生理、心理、体态、体能等特征和锻炼需要创编的。

按目的任务区分，有姿态健美操、形体健美操、节奏操、医疗保健健美操和减肥操等。这类操主要是为突出某种锻炼目的而创编的。

按练习形式区分，有徒手健美操、持轻器械健美操、专门器械健美操等。这类操中徒手健美操最为常见。手持轻器械健美操中最常见的器械有哑铃、球、橡皮带、棍等。专门器械健美操中常用的器械有踏板、圆盘、体操垫、健身器等。

按项目区分，有单人、双人、3 人、6 人和集体健美操。集体健美操多在表演和比赛时采用，其中除了包括平时锻炼的动作以外，往往增加一些动作组合和队列、对型的变化，以反映练习者平时锻炼的情景。

按人名、动作特色区分，有简·方达健美操、迪斯科健美操、武术健美操、仿生健美操等。

2. 表演性健美操

表演性健美操的目的主要是表演，它是事先安排好的、专门为表演者设计的成套健美操，时间一般为 2～5 min。表演性健美操的动作较健身性健美操复杂，音乐速度可快可慢，并为保证一定的表演效果，动作较少重复，也不一定是对称性的。在参与的人数上可以单人，也可以多人，并可以采用一些风格化的舞蹈动作，如爵士舞等，以达到烘托气氛、感染观众、增加表演效果的目的。因为表演性健美操的动作比健身性健美操的动作复杂且多变，所以对参与者的身体素质要求较高，不仅要具备较好的协调性，还要有一定的表演意识和集体配合意识。

3. 竞技性健美操

竞技性健美操是以争夺优胜为目的，有严格的竞赛规则和评分方法，其比赛的形式和内容也有特殊要求。竞技健美操虽同健身健美操一样有增强体质、美化形体、陶冶情操的功效，但其成套动作在编排上有特定的要求，动作及连接要体现方向、方位、不对称的变化，要有高低起伏，张弛快慢的变化，难度动作类型要多样化，分布要均衡，过渡要自然，强调表现力，音乐的速度较快，一般为 26～30 拍/(10s)。竞技健美操是符合竞赛规则要求的自编动作的比赛，成套动作根据编排的艺术性、技术完成情况、难度数量、音乐和成套规定时间等几个评分因素进行综合评分。竞技健美操比赛项目分为男子单人、女子单人、混合双人、3 人和集体 6 人(男女性别不限)健美操。

二、健美操的特点

健美操与其他体育项目相比，动作内容更丰富，形式更多样，是健、力、美的集中表现。健美操除了有一定的艺术性和不断的创新等一般特点外，还具有以下 4 个特点。

1.健身、健美、陶冶情操

健美操是根据人体解剖学、运动生理学、运动心理学、运动训练学、体育美学、人体艺术造型学、体育社会学等多种学科的理论，为使人体健康、健美发展而编排的成套运动操动作。成套健美操一般都包括准备动作、基本动作（颈肩部、四肢、躯干动作及跳跃动作）和放松动作三大部分。通过运动，有目的地发展肌肉的力量、速度和弹性，发展关节、韧带的柔韧性，发展心血管系统和呼吸系统的机能，进一步提高人体的有氧代谢功能，使人精神饱满、愉快，动作协调、优美，进而提高学习和工作效率。与基本体操相比，健美操对人体各关节灵活性的锻炼更突出一些。由于吸收了迪斯科和爵士舞中的许多髋部动作，不但加强了髋关节的灵活性，而且大大加强了人们常常忽视的腹部运动，从而使人的吸收和排泄功能得以改善。髋部运动还能有效地减少臀部和腹部脂肪的堆积，提高动作的协调性和灵活性，从而达到促进身体匀称、协调、健美发展的目的。

健美操动作活泼多变，富有弹性，造型美观，朝气蓬勃，讲究力度，追求实效，小关节动作多，对称动作多，节数多；成套动作结构严谨，富于起伏变化，流畅一致，时间稍长；练习时密度大，有针对性，因而可有效地训练身体各有关部位的正确姿态，使人体匀称、和谐地发展，使轮廓线条清晰而优美，有利于培养健美的体态和风度，塑造健美的体形。

健美操练习是在现代音乐伴奏下完成的。音乐可以说是健美操的命脉。健美操的音乐具有鲜明的节奏感和韵律感，其音乐节拍层次分明，清晰可辨，节奏稳定，不仅使成套操充满生气，也有利于提高动作的节奏性和协调性，使动作更富有美的色彩。因此，健美操能使人们在愉悦的状态中进行自我陶冶，在自娱中陶冶美的情操，调节心理平衡，培养正确的审美观念及良好的性格和品德。

总之，健美操是以健身为基础，把形体美、姿势美、动作美、精神美有机地结合起来，既注意形体的、姿态的、动作的、外在美的训练，又注重美的欣赏力、美的情操等内在美的培养，较为明显地反映了健身、健美和健心的实效性。

2.针对性和协调性

健美操无论单个动作或成套动作的设计都是严格地按照人体的解剖部位，有目的地为达到身体匀称、协调、健美的发展而进行的。它不仅保留了徒手体操中各种类型的基本动作，而且从各种舞蹈及武术中吸取了诸多动作，经过加工提炼使之成为健美操的特有动作。尤其是大量地增加了腰、膝、踝、髋部动作，使健美操增添了新的活力，丰富了健美操的单个动作。由于健美操的单个动作多，针对性强，瞬间造型多，动作的节奏变化多，使成套动作丰富而多变。根据不同的目的和任务，合理地选择有关动作，既能全面地增强各运动器官、内脏器官和神经系统的功能，促进身体的全面发展，又能有所侧重地锻炼身体的特定部位，矫枉过正，进一步提高身体全面发展的水平。

健美操的成套动作首先表现在每节操大多为多关节的同步运动，很少是单关节的局部活动。例如，在完成大幅度的上肢动作时，多伴有腰、髋、膝、踝和头部等运动，不仅使身体各关节的活动次数成倍增长，而且可以变换组合形式，形成多种运动，有利于改善和提高身体的协调性。其次表现在动作的节奏和力度上（力度是指在快速度完成动作，特别是大幅度动作后的急速制动动作)。例如,用最快的速度完成两臂侧举并使其急速制动于平肩部位。这一动作可在多种节奏变化中完成。再次是在成套健美操中,不仅有对称性动作,而且还有许多非对称性的和依次完成的动作。这些动作可有效地提高身体的协调性。

3.鲜明的节奏感和韵律感

节奏是动力在时间、空间上得到合理的分配,是客观现象的延续性、顺序性和规律性的反映。实践证明,在运动中有节奏的活动能使人的身体达到最适宜的协调。健美操的节奏一般表现为动作力度的强弱和速度的快慢的规律性变化。相同的动作由于力度增强或减弱,速度加快或减慢等节奏性的变化,就可以体现出丰富的内容。例如,同一动作可以两拍完成,也可以一拍完成,还可以一拍两动,这是速度的变化。在完成动作时由于肌肉用力的大小、强弱、快慢、刚柔等不同,就使动作表现出了刚、柔、绵、韧等多种运动形态,形成不同风格的健美操动作。

健美操必须在音乐伴奏下进行练习,音乐是它的灵魂。健美操的音乐节奏鲜明强劲,风格热烈奔放。它多取材于迪斯科、爵士、摇滚等现代音乐和具有上述特点的民族音乐,使健美操体现出一种鲜明的现代韵律感。健美操不同的动作和风格,配上适宜的音乐,就更能体现出健美操的节奏感和韵律感的特点。音乐中音的高低、长短、强弱、快慢等有节奏性的变化,使健美操更富有律动感和感染力。旋律清新、活泼轻快、情绪激奋的音乐,能够振奋练习者的精神,使人产生跃跃欲试的动感。只有按照音乐的节奏做有韵律和美观大方的动作,才能表现音乐的优美欢快和激奋的情绪,也才能使练习者得到健美操的节奏感和韵律感的体验,从而得到美的享受。因此,健美操的音乐,不仅能使练习者在完成单个或成套动作时准确地把握每一个节拍,更重要的是能激发练习者的情绪,提高练习效果,培养做健美操时的节奏感和韵律感,陶冶美的情操,同时使其比赛和表演更具有观赏性。

4.艺术性和普及性

健美操是融体操、舞蹈、音乐于一体的追求人体健与美的运动项目,属于健美体育的范畴,更具有高度的艺术性。健美操的艺术性主要体现在“健、力、美”的项目特征上。“健康、力量、美丽”是人类有史以来所追求的身体状况的最高境地,而在健美操运动中,无论是健身健美操,还是竞技健美操,无不处处表现出“健、力、美”的特征,包括着高度的艺术性因素,使它不同于其他运动项目,这也正是人们热爱健美操运动的原因之一。健美操运动协调、流畅、有弹性,使练习者不仅锻炼了身体,增强了体质,而且从中得到了美的享受,提高了艺术修养。而健美操运动员在比赛中所表现出来的健美的体魄、高超的技术、流畅的编排和充沛的体力等,给观众留下深刻的印象,充分体现出健美操运动的“健、力、美”特征和艺术的特点。

健美操动作内容丰富,种类繁多。热情奔放的情感体验和健与美的动作,更符合现代人追求健美、自娱自乐的需要,也便于普及,深受大众的喜爱。健美操可根据不同的要求,不同的年龄、性别、身体条件和训练水平,以及不同的设施,因人因地制宜,选择不同的操,可以简单,也可以复杂,有目的、有针对性地进行练习,以达到增强体质和健美、健心的目的。尤其一般性健美操的动作简单易学,更能适应广大群众特别是青少年的需要,更具有广泛的普及性的特点。

第三节　健美操在高校开展的意义

1.健美操的意义

健美操作为一项新兴的体育运动,以其独特的魅力在众多的体育传统项目中脱颖而出,受到了越来越多的人的喜爱。随着我国人民的生活水平的迅速提高,健身、休闲、娱乐逐渐成为人们的日常需要,人们加深了对体育运动重要性的认识,体育锻炼不再是一种行政手段,而变成了人们自觉的行动。目前在社会上不仅以健美操为主要内容的各种健身中心遍布我国大中型城市,而且在大中小学校,健美操也被列入教学大纲,作为正规的教学内容传授。另外各种以健美操为主要内容的电视节目的播出,也促进了健美操运动的普及与开展,使更多的人认识了健美操,并加入了健美操锻炼中来。因此健美操已成为全民健身运动的一个重要组成部分。

2.健美操练习是一种卓有成效的锻炼身体的方法

健美操作为一项有氧运动,具有有氧运动的健身功能,能全面提高身体素质、提高心肺功能和肌肉耐力,促进肌体各组织器官的协调动作,使人体达到最佳机能状态。另外,健美操是一项轻松、优美的体育运动,在健身的同时,带给人们艺术享受,使人心情愉快,陶醉于锻炼的乐趣中,减轻了心理压力,促进身心健康发展,从而增强了健身的效果。

3.健美操在高校开展有利于丰富校园文化生活

体育是人类社会文化生活的一个重要的组成部分,人们通过在业余时间参与体育运动来达到强身健体、娱乐身心、促进交流的目的。随着健美操运动在我国的快速普及与发展,健美操比赛也逐步走向正规化、系统化。目前,不仅有正式的全国锦标赛,还有省市比赛,甚至单位、学校内部的比赛。近年来,健美操还经常作为表演项目出现在各种场合,这对宣传健美操运动起到了重要作用。为准备比赛或表演,表演者付出了一定的时间和精力,但这也是健身和娱乐的过程,同时表演又满足了表演者自我表现的欲望,达到了娱乐身心的目的。对观众来讲,观看比赛和表演本身就是一种娱乐欣赏行为,在表演过程中,运动员精湛的技艺、强健的体魄,给予观众健与美的享受,起到了振奋精神的作用,丰富了学生业余文化生活。

第四节　健美操在高校开展的作用

1.增强体质,增进健康

经常从事健美操锻炼,对身体的许多器官、系统会产生良好的影响。长期参加健美操锻炼可以使心肌增厚,心腔容量增大,血管弹性增强,进而提高心脏的功能,使心搏有力,血输出量增加,从而提高全身供氧能力。

健美操锻炼对呼吸系统的机能也有良好的影响。它能提高呼吸深度,增加每次呼吸时的气体交换量,这既有利于呼吸肌的休息又可以提高呼吸系统的功能储备,从而保证在激烈运动时满足气体交换的需要,提高机能水平。

健美操锻炼还能提高消化系统的机能。因为肌肉活动可消耗大量的能量，加之健美操的髋部全方位活动较多，能刺激肠胃蠕动，可增强消化机能，有助于营养物质的吸收和利用，从而提高对疾病的抵抗能力。

经常进行健美操锻炼，还可以提高关节灵活性，增强肌肉和结缔组织的弹性。

2. 重塑你的体型

“形体”分为姿态和体型。姿态即我们平时表现出来的行为习惯，受后天因素的影响较大。而体型则是我们身体的外型，虽然体育锻炼可以适当改善体型外貌，但相对来说遗传因素还是起决定性作用。健美操练习的动作要求和身体姿态要求与我们日常生活中的状态基本一致，因此，通过长期的健美操练习可改善不良的身体状态，形成优美的体态，在日常生活中表现出一种良好的气质与修养，给人以朝气蓬勃、健康向上的感觉。健美操运动还可以塑造健美的体型，通过健美操练习尤其是力量练习，可使骨骼粗壮、肌肉围度增大，从而弥补先天的体型缺陷，使人变得匀称健美；其次，健美操练习还可消除体内和体表多余的脂肪，维持人体吸收与消耗的平衡，降低体重，保持健美的体型。

3. 调节身心健康

(1)随着时代的发展和社会的进步，人们在享受科学技术带来的舒适生活及各种便利的同时，也受到了来自各方面的精神压力。研究证明，长期的精神压力不仅会引起各种心理疾患，而且许多躯体疾病也与精神压力有关，如高血压、心脏病、癌症等。体育运动可缓解精神压力，预防各种疾病的产生是科学研究已证实的事实。而健美操以其动作优美、协调、锻炼身体全面，同时有节奏强烈的音乐伴奏而著称，是缓解精神压力的一剂良方。在轻松优美的健美操锻炼中，练习者的注意力从烦恼的事情上转移，忘掉失意与压抑，尽情享受健美操运动带来的欢乐，得到内心的安宁，缓解精神压力，使人具有更强的活力和最佳的心态。另外健美操锻炼增强了人们的社会交往。目前，无论是国外还是国内，人们参加健美操锻炼的方式是去健身房，在健美操教练的带领和指导下集体练习，而参与健美操锻炼的人来自社会的各阶层，因此扩大了人们的社会交往面，把人们从工作和家庭的单一环境中解脱出来，接触和认识更多的人，开阔眼界，从而为生活开辟了另一个天地，大家一起跳、一起锻炼，共同欢乐、互相鼓励，有些人因此成为终身的朋友。所以健美操锻炼不仅能强身健体，同时还具有娱乐功能，使人在锻炼中得到一种精神享受，满足人们的心理需要。

(2)医疗保健功能。健美操作为一项有氧运动，其特点是强度低、密度大、运动量可大可小，容易控制，因此除对健康的人具有良好的健身效果外，对一些病人、残疾人和老年人也是一种医疗保健的理想手段。例如对下肢瘫痪的病人来说，可做地上健美操和水中健美操，以保持上体的功能，促进下肢功能的恢复。总之，只要控制好运动范围和运动量，健美操练习就能在预防损伤的基础上，达到医疗保健的目的。

(3)健美操与心理健康。健美操锻炼既是身体活动，又是心理活动过程，它与心理健康是一种相互作用、相互制约的关系。心理健康对于个体学习健美操、掌握技能，以及坚持健美操锻炼具有重要作用。

健美操不仅能形成美的体魄，而且对人的心理状态也有良好的影响。通过优美明快的音乐节奏、活泼的形体动作，使人陶醉在美的韵律之中，消除心理紧张与烦恼，身心得到全面调节，精神面貌和气质修养都有所改善和提高。特别是健美操为一种群体运动，在集体场所进行，使练习者体验到个人与集体的关系，把“我”置于“我们”之中，起到协调人与人之间关系的作用。通过集体配合练习，有助于增进友谊，结交朋友，提高群体意识。

（4）提高神经系统机能，发展身体素质。健美操是在中枢神经系统的支配和调节下进行的。反过来，通过健美操锻炼也能提高中枢神经系统的机能水平。它能够提高神经过程的强度、集中能力、均衡能力和灵活性，使人的视野广阔，感觉敏锐，分析综合能力增强，生命力旺盛。同时，还可以提高人体的全面身体素质。健美操是一项要求力度和幅度的身体练习，经常参加健美操运动可使肌肉的力量得到增强，肌腱、韧带、肌肉的弹性得以提高，从而发展了人体的力量和柔韧素质。体育锻炼中肌肉经常要工作到极限，产生酸痛和疲劳，而健美操是在强劲的音乐伴奏下进行的，可以使人忘我投入，在不知不觉中提高了身体的多方面素质。健美操动作的路线、方向、速度、类型、力度等不断变化，可以加强人的动作记忆和再现力，提高神经系统的灵活性和均衡性，全面发展人的协调性。

第二章 健美操竞赛的组织与裁判工作

第一节 健美操竞赛的意义与特点

一、竞赛的目的与意义

健美操是我国一项较年轻的运动，是体育运动竞赛项目之一，是教学与训练工作的重要组成部分。健美操竞赛可以吸引和鼓舞大众、青少年和各级学校的学生积极参加健美操运动锻炼，以健美操作为终生的体育健身手段，推动群众性健美操运动的普及，也有利于发现和培养健美操人才，促进运动技术水平的提高。通过竞赛可以检查教学、训练的效果，丰富人们的文化生活，促进人们之间的相互了解，增进友谊。随着我国全民健身运动的开展和体育事业的迅速发展，群众性的健美操比赛活动在全国各地得到了蓬勃发展。各种健美操比赛活动，以其简单易做，不受场地、设备、人数和身体条件的限制，易于开展，适合不同年龄性别和不同健康状况的人参加等特点而深受大众和学生的喜爱。作为今后承担全民健身社会体育指导员任务的体育教育和运动训练专业的学生，必须掌握大众健美操比赛和竞技健美操比赛的评分规则，熟悉健美操比赛的组织工作。

二、竞赛的特点

1. 竞赛的种类

健美操竞赛可分为健身健美操和竞技健美操两类。健身健美操主要是以健身为目的，以普及为基础的群众性竞赛。它要求技术性较低，群众面较广，参加人数较多。竞技健美操则主要是以比赛争创优异成绩为目标，以提高为目的的年轻人的运动。它要求具有一定的身体训练水平和技术水准，参加的人数受到严格的限制，并有较严格的评分规则和技术规程规定。

健美操比赛的种类很多，有锦标赛、邀请赛、友谊赛、选拔赛、教学比赛，等等。

2. 竞赛的内容

健美操正规竞赛只进行单人（包括男单和女单）、混双、3 人和 6 人（性别不限）等项目的自选成套动作比赛。健美操非正规竞赛可分为规定操比赛、自编操比赛和两者均有的比赛。

规定操比赛，按比赛前由主办单位确定的、已编好的成套操，作为各参赛单位共同完成的内容来进行比赛。自编操比赛，由参赛单位根据比赛规则、规程的规定，按要求编排一套操参加比赛。

3. 比赛的办法和记分

健美操比赛分预赛和决赛两个阶段进行。

(1)预赛：也包括团体比赛，即各队所有报名运动员，均参加单人(男单、女单)、混双、3人和6人等5项的成套动作比赛，把所有得分相加，为该队的总成绩。按规定每队每一项只能参加一人或一组，但从1998年开始，预赛参赛人数为每国、每项最多2人或2组。

(2)决赛：预赛中成绩前八名的人或组参加决赛。第八名的人或组如有若干人或组得分相等，将依次取决于最高艺术分、最高完成分、最高难度分的优者名次列前，如成绩仍相等，所有运动员将保持同等名次，并一同进入决赛。

(3)记分方法：每一套操最高分为21分＋难度分数，其中艺术质量分10分，创造性加分1分，完成分10分，难度得分为12个最高难度分值相加的总和。

4. 健美操比赛场地

健美操正规比赛台高80～140 cm，后面有背景遮挡，赛台不得小于14×14 m^2。竞赛的地板是12×12 m^2，并清楚地标出7×7 m^2 和 10×10 m^2 的比赛场地，标记带为5 cm的黑色带，标记带包括在比赛的场地内，也就是说，标记带是场地的一部分。

第二节　健美操竞赛的组织

健美操竞赛的组织是一项复杂而又细致的工作，直接影响到比赛的质量和预期的效果。在赛前、赛中和赛后都要进行一系列的工作，每个环节都十分重要，一环紧扣一环，缺一不可。

一、召开主办单位筹备联席会

筹备联席会是由主办单位或主要负责人召集有关单位及部门的相关人员出席会议。会议内容是协商并落实有关竞赛的具体事宜，包括确定承办单位和协办单位、经费来源、比赛日期、地点、规模等，成立竞赛筹备办公室，确定办公室成员，并将任务分工落实到具体的人。

二、制定竞赛规程

竞赛规程是组织比赛的重要指导性文件，是比赛筹备工作的依据，也是参赛单位、运动员、教练员及裁判员必须执行的准则。竞赛规程应由主办单位制定，一般应至少提前三个月下发给各个部门，以便参赛单位有充分的时间准备并安排好各项事宜。竞赛规程应简明、准确，使执行者不易产生误会。竞赛规程一般应包括以下内容：

(1)比赛的名称：包括年度(届)、性质、规模、名称(包括比赛总杯名和分杯名)。

(2)比赛的目的：简述举行本次比赛的目的。如：为了推动全国大学生健美操活动的进一步开展，在高校间进行广泛交流，不断提高健美操技术水平，将于××时举行××比赛。

(3)比赛的时间和地点：要详细、清楚地写明比赛的年、月、日和地点。若具体的比赛地点在下发规程前还不能确定，则要先将比赛所在的城市写清楚。

(4)参加单位的条件：限定参赛者的范围，要具体、明确。如全国高等院校比赛，以校为单位均可参加;运动员必须是在校注册的本科、专科学生。

(5)竞赛的项目:对本次比赛参加项目、内容和时间的规定。如:比赛只进行男单、女单、混双、3人(男、女不限)及混合6人的比赛。

(6)参赛的办法:说明采取什么样的比赛方式、一次性还是分预赛和决赛、是否按技术水平及年龄分组、是单项赛还是团体赛或单项、团体赛都有。在某种比赛方式中的特殊规定一定要注明。如:本次比赛只进行4个项目的单项赛和团体赛。单项赛有预赛和决赛。体育院系为甲组,普通院校为乙组,分别进行比赛。

(7)参赛人数及年龄的规定:即规定每个单位参赛的人数、参赛运动员的年龄要求。如:凡我国普通高等院校在校注册的学生均可以校为单位参赛,每单位可报候补队员2名、领队1名、教练员1名。

(8)评分办法:说明比赛采用什么评分规则和记分办法,团体赛和单项赛的录取办法。如:比赛采用《1997—2000年版国际健美操竞赛规则》,进行团体赛和单项比赛,团体赛以各单项预赛成绩相加之和评定成绩,取各项前八名进行单项决赛,成绩优者名次列前,成绩相等名次并列,无下一名次。

(9)录取名次及奖励办法:根据比赛的规模说明评几个奖项,每个奖项设几名,是否有奖品或奖金。如:团体赛和单项赛均取前八名,另设最佳编排奖,最佳表演奖,最佳形体奖,最佳音乐效果奖,优秀教练员、优秀裁判员及体育道德风尚奖等。

(10)报名和报到:说明报名的方式及要求,截止日期。比赛报到的时间、地点、乘车的路线、联系电话等都要很清楚、详细。如:报名要填写大会印制的报名表,加盖单位及医务室印章,并于赛前30天寄到×××组委会,邮编×××。裁判员×××月×××日报到,运动员×××月×××日报到。

(11)其他:凡不包括上述内容的所有事宜均可列入该项中。如:有关参赛队的食宿是否自理,大会是否予以补助,是否提前预定返程车票,报到时参赛单位向大会交纳竞赛保证金等。

竞赛规程应尽快下发,根据比赛规模的大小和发放范围,确定下发时间。全国性的比赛应提前半年、中小型的比赛不得少于3个月下发,否则将会影响比赛筹备工作的顺利进行与比赛效果。

三、建立竞赛组织机构

根据比赛规模的大小,成立相应的组织机构。全国性比赛通常由主办单位和承办单位共同协商确定大会组织委员会成员,包括主办单位负责人、赞助单位负责人、承办单位和当地体委的负责人,上级领导机关的代表和有关知名人士以及总裁判长。组织委员会一般设主任1人,副主任1人,委员若干人,它是比赛大会的最高领导机构,在其下属的是各办事机构。根据比赛规模决定成立几个分部门。大规模的或大型综合性比赛,部门分得很细,各部门责任具体、细致。中小型比赛则可以少设几个部门或只安排具体的人分别负责这几方面的事宜。

四、领队和教练员会议

领队和教练员会议是竞赛中一项重要内容，是参赛队与大会及裁判员沟通的重要途径之一，双方都应重视。一般由组委会主持，各处负责人及裁判长参加。通常在赛前、赛后各安排一次。

赛前领队、教练员会议主要内容包括：

(1)介绍比赛的准备情况。

(2)介绍大会主要部门的负责人和主要工作人员。

(3)宣布大会竞赛日程及有关规定。

(4)解答和解决参赛队提出的有关问题。如：比赛安排、生活、规程及规则等问题。如果在规则和技术方面的问题较多，还应单独召开领队、教练员技术会议，由裁判长详细解答。

(5)抽签排定比赛出场顺序。如果时间允许，采取公开抽签的办法由各队自己抽签比较好。有时时间不允许，可提前进行抽签，但必须要有组委会或有关负责人在场监督执行，由指定人员代理抽签。这项工作应在领队、教练员会议上专门交代，以免引起误解。

赛后领队、教练员会议主要是安排参赛队离会事宜和专门召开技术交流会，就比赛和训练相互介绍经验，交流看法和意见，介绍健美操最新发展信息，讨论健美操发展方向等。

五、比赛的进行

1.开幕式

(1)由主持人宣布比赛开幕式开始。

(2)运动员入场式。

(3)介绍领导和嘉宾。

(4)领导讲话，运动员及裁判员代表宣誓。

(5)运动员退场。

2.比赛进行

(1)赛前检录：一般赛前20分钟按出场顺序第一次检录，赛前5分钟第二次检录。

(2)运动员外场准备，由播音员向观众介绍裁判委员会和裁判员。

(3)运动员由播音员宣告后上场向裁判员示意，做好准备姿势，由放音员播放音乐。

(4)运动员在音乐伴奏下完成整套动作。

(5)裁判员进行评分并公开示分，播音员宣布得分。

(6)记录员记录每名裁判员的评分和运动员的最后得分。

(7)赛后，记录单经裁判长确认无误后，交总记录处存根。

(8)成绩由总记录处统计后得出比赛名次。

3.闭幕式及发奖

(1)主持人宣布闭幕式开始。

(2)裁判长宣布比赛成绩(获奖名单)。

(3)获奖运动员入场。

(4)请领导或某知名人士为获奖运动员颁奖。

(5)运动员退场。

(6)可安排优秀运动员表演或专门组织的表演。

(7)领导致闭幕词。

(8)宣布比赛胜利结束。

第三节　竞技健美操竞赛的裁判法

一、比赛的基本要求

健美操的裁判法是依据国际体操联合会健美操竞赛规则的精神与规定而制定的。随着健美操运动的深入开展和技术的不断发展，其规则也在不断地变化。

竞技健美操体现在音乐伴奏下，完成连续复杂的和高强度的动作。该项目起源于传统的有氧健身舞。成套动作必须展示连续的动作组合、柔韧性、力量与 7 种基本步伐的使用并结合难度动作高质量的完美完成。

1. 比赛项目

比赛项目有单人（女子单人和男子单人）、混合双人、3 人（性别任选）、集体 6 人（性别任选）等。

2. 时间

成套动作的时间为 1′45″，有加减 5″的宽容度。成套时间偏差在 1′35″～1′40″或 1′50″～1′55″，其错误由裁判长扣 0.5 分。成套时间偏差少于 1′35″或多于 1′55″，其错误由裁判长扣 1.0 分。

3. 比赛场地

(1)赛台：高 80～140 cm，后面有背景遮挡，不得小于 14×14 m^2。

(2)竞赛地板和竞赛区：竞赛区应铺设地板，大小必须为 12×12 m^2，并清楚地标出 7×7 m^2 的单人、混双、3 人的比赛场地，以及 10×10 m^2 的集体 6 人场地。标记带是场地的一部分。

所用地板必须符合国际体联的标准，并由国际体联认可。只有经国际体联认可的地板方可用于正式比赛。

4. 运动员年龄

参赛的运动员必须年满 18 周岁。

5. 服装要求

(1)外表：应当是整洁适宜的运动员外表。头发必须固定在头上。参赛运动员必须穿具有适当减震功能的健美操鞋，两侧支撑保护，鞋中部可有柔软的屈伸，鞋跟部固定，鞋带必须系好。

(2)着装：女运动员着一件紧身衣和肉色连裤袜及运动袜，不允许穿上部与躯干分离的（两件套）服装或上部与躯干仅用绳带连接的服装。男运动员必须穿着一件连衣裤或背心、短裤及合体的内衣。

(3)饰物:禁止带首饰。

6. 成套编排

健美操成套动作编排必须包括特殊要求、成套内容、时间、音乐、难度动作等五个方面。

(1)特殊要求:

1)艺术性:成套动作必须展示出创造性,动作设计必须展示竞技健美操特殊内容,动作变化及音乐与运动员的表演紧密连接;对于混双、3 人和集体 6 人动作要求有 3 次托举,这也包括开始和结束动作。

2)完成:所有动作必须完美地完成。

3)难度:在单人、混双、3 人和 6 人的成套动作中所选择的难度动作,必须体现出空中、站立和地面三维动作空间的均衡性;没有达到最低要求的难度动作无分,但被视作 12 个难度动作当中的一个动作;最多难度动作 12 个;难度动作得分是成套动作中出现的 12 个有分值的难度;不得重复难度动作;每组难度动作至少各有一个;地面的难度动作不得少于 6 个;成俯撑落地的动作不得超过 2 个。对于混双和 3 人,要得到该难度动作得分,全体运动员必须同时或依次,同方向或不同方向完成相同或不同的难度动作。对于集体 6 人,每组难度动作至少要有一个;要得到该难度动作得分,全体运动员必须同时或依次,同方向或不同方向完成相同或不同的难度动作;要得到其余难度动作得分,全体运动员也可以同时或依次,完成最多两个不同的难度动作;若运动员同时或依次,同方向或反方向完成不同的难度动作,将以难度值最低的动作为依据。

(2)成套内容。成套动作必须表现出健美操动作类型(高和低动作的组合)、风格和难度动作的均衡性。

健美操动作的姿态要求是躯干直,呈一直线位置,臂腿动作有力,外型清晰;合理利用全部空间、地面以及空中动作。

(3)时间。成套动作时间为 1′45″,有加减 5″的宽容度。

(4)音乐。运动员必须配合音乐完整地表演成套动作。

(5)难度动作。成套动作必须包括下列各类难度动作各一个:俯卧撑、倒地、旋腿与分切、支撑与水平、跳与跃、柔韧与变化。

二、裁判的组成与分工

1. 裁判的组成

(1)高级裁判组:由健美操组织委员会指定 3 名成员(其中 1 名为主席)组成。

(2)裁判组:由裁判长 1 人、裁判员 13 人(包括艺术裁判 4 人、完成裁判 4 人,难度裁判 2 人、视线裁判 2 人、记时员 1 人)组成。他们是由裁判委员会提名,经主办单位同意而聘请的。

2. 裁判员职责

(1)高级裁判组:高级裁判组的工作是负责整个裁判工作,按照规则对裁判和裁判长的评分进行调控,以保证最后得分的正确性。记录各裁判打分的偏差,如反复出现偏差,高级裁判组将有权更换裁判。

(2)裁判长。裁判长是一个裁判组的负责人，对本裁判组的裁判工作全权负责。其具体职责如下是：

1)组织本裁判组学习、研究评分规则及具体评分办法。

2)组织本裁判组按时进场和退场。

3)向运动员发出开始做动作的信号。

4)参与评分工作，对评分出现的偏差予以纠正。

5)监督记录员计算得分，检查评分的有效性，听取记时员和司线员报告。

6)召集裁判员会商。

7)出示本组最后评分。

(3)裁判员。裁判员对整个裁判工作负责。其具体的职责是：

1)服从裁判长的领导。

2)精通竞赛规则和裁判方法，严格、公正、认真地按照规则要求独立地评分。

3)认真填写裁判员评分表。

4)艺术裁判根据成套编排的动作设计、竞技健美操内容、表演(表现力与动作结合音乐的准确性)标准评价运动员的艺术质量分。

5)难度裁判必须使用 FIG 官方速记符号记录运动员全部成套动作的难度；数出难度动作数量；若多于 12 个难度动作，每超过一个予以减分；对最先出现的 12 个难度动作的每一个动作给予 0.1～1.0 的分值；现场视觉评判新难度动作，对不符合难度动作要求的予以减分。

6)完成裁判员对运动员成套动作技术技巧(包括身体外形、姿态；准确性；力量、爆发力和肌肉耐力)和一致性(混双、3 人和 6 人)的表演技巧的评分。

(4)记录员。裁判组记录员是记录裁判员评分的专职人员。其职责是：

1)在比赛前，将各单位按比赛顺序填写在记录表上。

2)记录本裁判组裁判员的评分。

3)检查评分的有效性，并及时通知裁判长。

4)将评分成绩单即时核对，确认无误后交送总记录处。

(5)记时员。记时员的职责是：

1)熟悉规则及成套规定的时间要求。

2)赛前要熟练掌握开、停表的计时器性能及使用方法。

3)比赛时，当运动员完成练习后，准确地向裁判长报告时间。

(6)视线员。视线员对场地规定应十分清楚，对越出场地的行为予以记录，并及时示意给裁判长。

3. 裁判员的评分座位区

艺术裁判、完成裁判和难度裁判坐在赛台正前方，视线员座位安置在赛台的两个对角，高级裁判组和裁判长坐在艺术裁判、完成裁判与难度裁判正后方的高台上。

三、裁判方法

1.评分方法

(1)艺术性最高分为10.0分,每名裁判员的评分是以0.1递增的方法评分,从0分起评,对每个艺术评分范围给予加分,4名艺术裁判,去掉最高分与最低分,所剩分数的平均分为最后艺术分,两个中间分为下列允许的分差范围。

(2)完成分最高分为10.0分,每名裁判员对运动员成套动作的技术技巧和一致性情况按照减分的方法评分,从10.0分评起,对每个错误动作给予减分。4名完成裁判,去掉最高分与最低分,所剩分数的平均分为最后完成分,两个中间分为下列允许的分差范围。

竞赛中艺术分与完成分所允许的中间两个有效分的分差不得超过下列分差:

最后得分	分差
10.00～8.0	0.3
7.99～7.0	0.4
6.99～6.0	0.5
5.99～5.0	0.6

若有效分的分差多于以上要求,则取全部四个分数的平均分。

(3)难度裁判员的评分是按照加分的方法评分,从0分起评,根据运动员完成难度的价值(最多12个难度动作),每个动作给予0.1～1.0分(最先出现的12个难度动作进行累计得分);最先出现的12个难度动作中,对超过两次俯撑落地的动作或重复难度动作给予减分。2名难度裁判一致同意的分数为难度的最后得分,若有意见分歧则取平均分。

(4)运动员的最后得分:艺术分、完成分和难度分相加为总分,总分减去难度裁判、视线裁判与裁判长减分为最后得分。

(5)裁判员评分方法是采取公开亮分的方法,由裁判长统一示分信号同时公开亮分,裁判长出示最后得分。

第四节　健身健美操竞赛的裁判方法

一、规定操的评分

1.规定操的制订

规定操是主办单位制订的。它是按规则精神、比赛性质、参加单位的技术水平而确定的一套本次参赛单位或个人必须完成的套路。规定操一般都有较详细的图解和文字说明;对完成动作的技术规格和身体姿势都有特定的要求;对典型动作错误扣分也分别列表说明;并将全套动作分为若干部分,每部分都有固定的分值。规定操应在规定的音乐伴奏下进行。

2.规定操的评分要点

对规定操进行评分的依据是,运动员所做的动作是否符合规定的图解和说明,完成动作的技术和姿势是否正确。

运动员在完成规定操时，会由于多种原因而在不同地方出现错误，如漏做动作、附加动作、改变动作方向或路线、中断动作等情况，对此必须分别进行减分。

(1)漏做动作：是指规定操中某一部分或某一节的动作未做。凡漏掉未做的部分或动作则要扣去该部分或动作的分值。如若该动作没有分值，则要视该动作在成套动作中的价值予以适当扣分。如漏做该动作是为了有利完成下面动作，则还应酌情追加减分。

(2)附加动作：是指非规定的多余动作，每次出现附加动作均按规则规定减分。

(3)改变动作方向或路线：是指规定操的动作和连接方向被改变，或身体某部位未按规定的运动轨迹运动。每出现一次，就要按规定规则减分一次。

(4)中断动作：在完成全套操过程中，如果出现了 4 拍以上的停顿，则视为中断。如中断后不再做了，则对未做动作按漏做处理并追加扣分。中断一次按规定要扣除 0.3～0.5 分。

3.规定操的评分内容

(1)完成情况：包括动作的准确性、动作力度、动作幅度、熟练性、协调性和一致性。

1)动作的准确性：按动作正确的技术要求，做到姿势正确，到位准确，技术规范。对所出现的错误按轻微、显著和严重三种情况进行减分。

2)动作力度：力度是健美操的特殊要求，完成动作时要有一定的力度。动作松懈、软散没有力度的表现，按规定扣除 0.1～0.5 分。

3)动作幅度：局部动作幅度小，一般扣 0.1～0.2 分；整套动作幅度小，则扣 0.3～0.4 分；如果由于幅度而影响了表演效果和动作质量，则要扣 0.5～1.0 分。

4)熟练度：在完成成套动作过程中，稍有停顿现象，扣 0.1～0.2 分；有明显的停顿，扣 0.3～0.4 分；不熟练、停顿和中断时有发生，节奏被破坏，完成动作笨拙，除对停顿、中断进行减分外，还要扣除不熟练得分 0.5 分。

5)协调性和一致性：协调性是指运动员完成身体各部位动作的配合；一致性是指集体完成动作姿势、幅度、方向、速度、节奏等的统一、整齐度。对协调、一致性稍差、明显差和很差要按规则规定，分别按轻微、显著、严重错误进行减分。

规定操每一段或每节都有其分值规定，对该段或该节的错误减分不得超过所规定分值。

(2)总印象：从总体上看动作完成质量的好与坏，是否体现健与美的精神气质。

1)优美性：不优美，扣 0.2～0.3 分；不太优美，扣 0.1～0.2 分。

2)表现力：包括气质、情绪、感情的表现。表现欠缺一些，扣 0.1～0.2 分；表现平淡，没有感染力，扣 0.3～0.4 分。

3)音乐：音乐的节奏与动作的节奏应该一致、合拍。如不合拍，视其程度分别扣 0.1～0.5 分。

4)成队动作的一致性。一人失去节奏，一致性稍差每次扣 0.1 分；两人失去节奏每次扣 0.2 分；若干人失去节奏扣 0.3～0.5 分。

二、健身健美操自编操的评分

健身健美操自编平分因素包括艺术分 10 分和完成分 10 分，总分 20 分。各组裁判员评分去掉最高分和最低分，所剩分数或所剩分数的平均分为运动员的艺术分和完成分，两个分数相加为总分。从总分中减去裁判长的减分为最后得分。健身健美操和竞技健美操自编操的比赛平分内容有所联系；但是，由于健身健美操所具有的个性特点不同，又使它们在编排上存在差异，评分的侧重点也不同。

健身健美操成套自编操，根据规则和规程要求，有时有特定的动作，有时又没有要求。有特定动作要求就要规定出分值和技术上的规格，一般不存在扣分问题。

1. 基本要求

(1)时间：2′30″～3′(计时由动作开始到动作结束)。

(2)音乐：音速 10″22～26 拍，允许动作开始有前奏(不超过 2×8 拍)，但成套动作结束时音乐应同时结束。

(3)参加人员：每队 4～6 人，性别不限。

(4)场地：10×10 m^2 的地板或地毯，标记带为 5 cm 的红色或黑色带，标记带是场地的一部分。

(5)服装：运动员必须穿健美操服和运动鞋，着装整洁、美观、大方，不允许使用悬垂饰物，禁止戴首饰。

(6)比赛程序：比赛分预赛和决赛，凡参赛队预赛进前八名者进入决赛，不足八名时，递减一名录取。

(7)裁判组：1 名裁判长，3～5 名艺术裁判，3～5 名完成裁判，视线员 2 名，辅助裁判若干名。

(8)评分方法：比赛采取公开示分方法，裁判员评分精确到 0.1 分，运动员得分精确到 0.01 分。

2. 评分

成套动作的评分包括：艺术分、完成分和裁判长减分。

(1)艺术分从 10 分起评，对每个错误都给予减分。通常评分因素包括以下几个方面：

1)动作设计(5 分)：应符合健身、娱乐原则，安全无损伤原则，全面发展原则，以及年龄特点原则。

2)基本步伐、手臂动作及动作组合(2 分)：7 种基本步伐(踏步、开合、吸腿、踢腿、弓步、弹踢腿跳、后踢腿跑)。手臂动作要体现多样性和动作的不对称性；动作组合中应使身体的各部位(头、手、上臂、前臂、躯干、腿和脚)协调配合，共同参与的部位越多评价越高；同一动作组合允许出现一次对称动作。成套动作的设计要以操化动作为主，在融合现代舞蹈和传统武术等项目的动作时，必须符合健美操运动的特点，但不允许出现任何清楚地显示其他项目特征的造型或静止动作(如芭蕾、健美、搏击等)。成套动作中至少应出现两次运动场之间的交流配合动作。成套动作中不鼓励出现难度动作，如出现类似动作，不予以加分，对出现的错误要予以减分。开始和结束允许出现托举动作，但不允许出现违例动作。

3)过渡与连接(2 分)：在成套动作中应合理、流畅地连接健美操基本步伐、动作组合，做到灵活与流畅的空中、地面的相互转换。运动员可以依次或分批做动作，但任何一名运动员不允许停顿 1×8 节拍。

4)强度(1分):包括动作的频率、速度、幅度以及完成动作的耐力、移动速率。

5)音乐(1分):音乐的选择应完整并与成套动作的风格协调。音响效果应是高质量的,并有足够音量,必须和运动员成套动作相配合。

6)队形与空间的运用(2分):成套动作的队形变化应是自然、迅速、流畅、清晰、美观,全套动作的队形变化至少5次,但必须充分、合理、均衡地使用场地。成套动作中至少出现2次空间的变化(地上和腾空均可)。

7)表演(2分):运动员在完成动作时,充分显示出热情、活力、魅力,并传达给观众。运动员的动作必须与音乐的节拍相符,并配合乐曲。

(2)完成分是从10分起评,对每个完成错误给予减分。通常完成评分因素包括技术技巧和一致性两方面。

1)技术技巧:在成套动作中准确完成动作,展示完美的姿态、身体各部分的正确位置、身体的正确姿态,并体现动作的准确性(技术规范、部位准确、方向清楚、控制完美)和动作的力度(爆发力、力度和耐久力)。

2)一致性:整体完成动作的能力,运动范围一致性。所有运动员应体现出一致与均衡的运动强度。所有运动员应具有一致的表演技巧。

3)完成裁判对于以上每类错误的减分标准如下:

小错误	每次减0.1分(稍偏离正确完成)
中错误	每次减0.2分(明显偏离正确完成)
大错误	每次减0.3分(较严重偏离正确完成)
严重错误	每次减0.4分(严重偏离正确完成)
失　误	每次减0.5分

(3)裁判长:裁判长的职责是记录评判整套动作,并根据技术规则负责监控在场全体裁判的工作,还负责对成套动作时间不足或超过、参加人数不足或超过、音乐速度不符合要求、运动员被叫到后20秒钟未出场、运动员着装仪容不符合规定和身体触及线外地面、做违例动作等情况给予减分(0.1~0.5分)。

1)时间不足(指成套动作时间少于2分30秒),扣0.2分。

2)时间超过(指成套动作时间多于3分钟),扣0.2分。

3)参赛人数不足或超过,扣0.2分。

4)音乐速度不符合要求,扣0.2分。

5)运动员被叫到后20秒钟未出场,扣0.2分。

6)运动员着装仪容不符合规定,扣0.2分。

7)运动员身体触线外地面,每次扣0.1分。

8)违例动作减分,每次扣0.5分。

第三章　健美操教学

第一节　健美操教学内容与教学任务

一、健美操教学内容

健美操教学包括理论、技术、能力三方面的内容。

1.理论教学

通过理论讲授、课堂讨论、教法作业以及电化教学(看录像)等形式,使学生掌握健美操的特点和内容、大众健美操发展简况、健美操动作术语、健美操教学法、健美操一般动作的技术、健美操组合与成套动作的编排方法、健美操比赛的组织与裁判方法等方面的系统理论。

2.技术教学

技术课的教学任务是通过练习使学生掌握健美操动作的方法、要领及教学方法,培养正确的身体姿势,塑造健美形体,增强各种身体素质等。在技术课教学中贯穿理论知识的讲解,促进学生加深对理论的理解和动作技术与教法的掌握,采用各种方法培养各种能力,技术课的教学内容根据课的结构分为以下几类:

(1)准备部分:

1)准备部分时间:一般为20分钟左右(以90或100分钟的课为例)。

2)准备部分任务:迅速地组织学生,集中他们的注意力,明确上课的内容和要求,调动学生学习的积极性,使学生精神振奋、情绪饱满地开始一堂课的学习。做好准备活动,使身体各器官系统功能迅速地进入工作状态,一方面为基本部分的学习做好充分的准备,另一方面发展学生的体能,培养正确的身体姿势等。

3)准备活动内容:在健美操课中的准备活动一般以热身操的形式出现,内容主要有以基本步法配合手臂动作为主的单个动作和组合动作。

(2)基本部分:

1)基本部分时间:一般为60分钟左右(以80或100分钟的课为例)。

2)基本部分任务:学习新内容,复习已学过的内容、使学生掌握健美操知识、技术、技能,发展身体素质,培养综合能力。

3)教学内容:徒手练习、借助于固定器械力量性练习。

①徒手练习:单个动作、组合动作、成套动作。

单个动作：身体各部位基本动作、基本步法及各种跳步动作。

组合动作：姿态组合、低冲击力组合、高低冲击力组合、高冲击力组合等。

成套动作：大众健美操 1～6 级等级动作、姿态健美操、青年健美操等。

②手持轻器械练习：手持杠铃、哑铃、环等轻器械进行的单个、组合及成套健美操动作练习。

③借助各种器械练习：利用垫子、踏板、健身球等器械进行的各种练习。

(3)结束部分：

1)结束部分时间：一般为 10～15 分钟(以 90 或 100 分钟课为例)。

2)结束部分任务：有组织地结束教学活动。通过整理练习，使学生逐渐恢复到相对安静的状态；简要地进行课的小结，布置课外作业。

3)整理练习内容：伸拉性放松练习；配合呼吸进行的放松练习；以弹动和抖动为核心的动作组编成轻松、活泼的放松操；局部按摩放松肌肉；借用气功、瑜伽的理论，用意念放松身体等。

(4)结束放松学习。在进行了较长时间或较大强度的健美操动作之后，需要通过放松动作使紧张的肌肉和心理松弛下来，以便消除疲劳，恢复体力。常用的放松动作有以下几种：

1)局部按摩放松肌肉。

2)做缓慢的伸拉性练习放松肌肉。

3)以弹动和抖动为核心动作，组成轻松、活泼的放松操，放松身体。

4)做垫上团身滚动，放松背部。

5)配合呼吸进行放松，例如，吸气时两臂向上、身体充分伸展。呼气时两臂放松下摆，同时由下至上，身体各环节依次放松前屈。

6)借用气功、瑜伽的理论，用意念放松身体。

在健美操课的结构问题上，不能将这三个部分作为固定不变的模式加以运用。一堂健美操课总有开始、结束和中间过程，总要有准备活动和整理活动，所以称这三个部分为基本结构。在实践中，课的结构形式多样，无论是采用三个部分结构，还是采用多段结构，都必须符合人体生理功能变化规律。各部分或阶段之间要紧密衔接，有机联系，而且必须根据课的任务、练习的内容和学生的特点灵活应用，不能千篇一律，更不能认为健美操课无结构、无合理顺序而言，因而随心所欲，而应从实际出发、讲求实效，采用适当的课的结构。

3.能力的培养途径与方法

(1)培养示范能力。正确优美的动作示范是教师进行健美操教学时最能调动和激发学生自觉投入学习的积极因素。培养动作示范能力，最主要的是培养学生正确、优美、独立地展示动作及准确、灵活运用示范点、示范面的能力。培养示范能力的方法有：

1)教师对不同动作所采用的示范面、示范点进行演示后，学生开始实践。

2)组织学生观看健美操教学、表演及比赛的录像带。通过观看使学生对规范、优美的动作有进一步的理解，以提高动作的规格和表现力。

3)通过采用固定姿态、改变动作节奏等方法学习并强化健美操基本动作，形成正确、稳定的肌肉感觉，达到示范的标准。

4)让一个或几个同学在队前带领练习，可提高对自己的要求，更规范地完成动作。

5)采用两人一组互相示范的练习方法,培养学生正确示范及示范面的转换能力。

(2)培养讲解能力。健美操教学中的讲解是在深刻理解和体会动作正确技术要领、表现方式、锻炼价值等基础上,所具备的一种语言表述能力。这种能力不仅要求准确无误地表述完成动作时身体各部位的方向、路线、幅度、速度、节奏、肌肉用力顺序并抓住重点及难点,还应将动作的表现方式以及对身体的影响等用语言清晰地表述出来。培养讲解能力的方法有:

1)在教师讲解动作之前,让学生将教师示范动作的名称、术语、动作过程等讲解一遍。之后,教师按讲解要求为学生讲解,通过教师与学生讲解的比较,使学生明确简明扼要、条理清晰的讲解在学习中的重要性和必要性。

2)教师提出问题,让在学生示范中讲述完成动作的要领、要求和注意事项,讲解后教师给予评定,指出应改进的问题,并让学生总结后重新讲解。

3)根据教学进度和教学任务,让学生评议本次课教学完成情况,并对评价提出要求:先进行总体评价,然后指出优、缺点,提出改进意见和希望。用此方法来提高学生的语言组织能力和讲解能力。

(3)培养运用教法的能力。健美操课中的教法是指传授知识、学习动作技能、组织教学等方法。健美操课教学效果的好坏,在很大程度上取决于教法的运用。因此,培养学生运用教法的能力是非常重要的。培养运用教法能力的方法有:

1)让学生了解和掌握健美操教学中常用教学方法,即传授健美操知识的方法、组织教学的方法等。不仅要了解教法的种类、名称,还要了解各种教法的作用。只有全面地了解和掌握各种不同的教学方法,才能根据教学的不同需要灵活地运用。

2)在课上,教师要求学生注意观察教师的教法运用情况,课结束前让学生复述课上采用了哪几种教法,这些教法运用的时机如何,使学生加深对教法运用的认识。

3)在课上或在课外,让学生将自己创编的健美操教给本班同学,由本人或被教者写出教学过程中采用了哪些教法、采用的时机、教学效果等情况,以提高学生实际运用教法的能力。

(4)培养观察、分析和纠正错误动作的能力。观察、分析和纠正错误动作能力的培养,关键在于培养学生善于发现课堂教学和完成动作时的问题,并分析其产生的原因和找出解决问题的方法。教师要有计划、有步骤地在课上为学生创造和提供实践机会。培养观察、分析和纠正错误动作能力的方法有:

1)通过观看比赛录像,让学生观察和分析每个运动员完成动作的特点,并集中对一套动作进行分析,指出其优、缺点。

2)组织学生互相观察并分析和纠正错误动作。可以采用分组轮换形式进行观察,也可一帮一地练习和观察。

3)由完成动作较好或完成动作较差的同学同时做练习,教师组织学生观察,之后进行比较与分析,指出优点和缺点所在,提出改进动作的方法。

4)以优带差。教师可采用定人、定任务、定要求的三定方法,使学生在课上或课下进行互相帮助。

(5)培养创编能力。创编健美操能力是能力构成的重要内容,是学生学习和运用技术动作、音乐、健美操知识和审美能力的综合体现,也是健美操教学的一项重要任务。创编健美操是在掌握健美操基本动作和创编原则与方法的基础上进行的。培养创编能力的方法有:

1)先创编单个动作,在单个动作的基础上创编组合动作,在单个和组合动作的基础上创编健美操成套动作。

2)对学生提出创编健美操动作的具体要求和组织实施方法,组成小组,边研究边创编。也可分给每个学生不同的任务进行创编。

3)以小组为单位,表演所创编的动作,由同学进行评定。

4)在小组创编动作的基础上,按要求写出每节动作的名称、节拍和动作说明,并绘出单线条图。

5)在各组创编成套动作完成后,组织全班交流,并进行评比和考核。

(6)培养组织与裁判能力。健美操的组织能力主要表现为教法的组织与运用能力、组织学生学习的能力、整队调队能力、组织学生进行比赛和表演的能力等;裁判能力是指以裁判规则为准绳,对学生完成动作进行正确评价的能力。培养组织与裁判能力的方法主要有:

1)让学生轮流负责每次课的集合、整队、调队、报告学生出勤情况等工作,培养学生的组织调动能力。

2)把全班分成几个小组进行练习,由小组成员轮流组织学生进行练习,教师对各小组的组织情况进行评价,提高学生组织教学的积极性。

3)在健美操课上结合裁判规则进行教学,既能使学生学习到动作的更高标准,同时也对其深入理解和运用规则具有重要的作用。

4)组织各班进行小型比赛,学生互为表演者和裁判者。

5)组织年级、各系及全校的教学比赛。同一年级的比赛,一部分同学为参赛者,另一部分学生为裁判员;全系的比赛可由高年级同学作为裁判员;全校比赛可由教师指挥,选出健美操骨干进行裁判。

二、健美操实践课的教学任务

健美操是体育、舞蹈、音乐相结合的徒手和持器械运动。在健美操教学中必须体现这三个方面的教育功能。依据中国《教育大辞典》关于课程目标的分类,在实践课中按照教学进度、教材特点以及学生实际情况,参考以下条目制定具体任务。

1.认识类

(1)初步建立动作的正确概念。

(2)掌握动作的技术原理。

(3)初步掌握创编成套动作的一般规律。

(4)学会识别音乐节奏。

(5)初步掌握动作与音乐配合的技巧。

(6)初步掌握提高专项身体素质的理论与方法。

(7)增强自我保健意识,了解自我保健常识。

2. 技能类

(1)初步掌握动作节奏与动作方法。

(2)掌握动作技术细节。

(3)改进单个动作或连接动作技术。

(4)提高动作的熟练性。

(5)加大动作幅度的表现力。

(6)增强音乐感、节奏感。

(7)提高动作与音乐配合的一致性。

(8)增强柔韧、协调、弹跳、力量、耐力等身体素质。

(9)纠正错误的身体姿势。

(10)塑造健美形体。

(11)掌握运动后恢复的常用方法。

3. 情感类

(1)培养对健美操的兴趣。

(2)培养刻苦精神和顽强的意志品质。

(3)加强组织纪律性教育。

(4)培养认真细致、精益求精的工作作风。

(5)增强自信心。

(6)培养集体主义精神,增强合作意识。

(7)增强竞争意识。

(8)增强责任感与事业心。

(9)培养动作中的情感表现力。

(10)树立正确的审美观。

(11)培养创造性的思维方式。

4. 应用类

(1)培养灵活应用动作素材、随意创新编排组合的能力。

(2)初步掌握创编大众健美操教学组合动作的方法。

(3)初步掌握大众健美操成套动作的创编方法。

(4)初步掌握创编表演动作、组织表演活动的方法。

(5)培养语言表达能力。

(6)培养指挥配音练习的能力。

(7)培养分析和解决问题的能力。

(8)培养自我评价和相互评价的能力。

(9)提高对优美、高雅等美学特征的鉴赏能力。

(10)提高应变能力。

第二节 体育教学原则与方法在健美操教学中的运用

体育教学原则与方法是在长期的体育教学实践中总结出的客观规律，对体育教学具有普遍的指导意义。在教学中，应结合健美操项目的特点，灵活运用各项教学原则与方法。

一、教学原则

1.教师主导作用与学生自觉性相结合的原则

健美操过程是教师与学生相结合的双边活动，师生双方的自觉性与积极性是决定教学效果的重要因素，缺一不可，其中教师积极的主导作用更为重要。教师不仅要有很强的事业心，精通健美操理论、技术和教学方法，而且要善于启发诱导和调动学生的积极性。

(1)教师要以自身的敬业精神、认真负责的工作态度、良好的教学效果、丰富的知识、耐心细致的教态和有条理的教学组织去教育和感染学生，赢得学生的尊敬。同时要向学生讲解大众健美操的锻炼价值、开展这项运动的意义，启发学生树立正确的学习动机和积极的学习态度。

(2)教师在教学中处处以“美”为准则，以自己的言行、仪表美感染学生，以情绪饱满、谈吐高雅、举止大方、示范动作准确优美、服饰整洁合体给学生树立良好形象，提高学生对健美操的兴趣。学生通过亲身实践，感受健美操中的姿态美、动作美、音乐美、情感美，亲身经历这项运动对形体和气质的健美过程，进而产生浓厚而稳定的兴趣，使学生在健美操运动中积极主动地追求美、表现美，把努力学习变成自觉的行动。

(3)教师要认真执行教学大纲、进度计划，认真钻研教材、教法，深入了解学生情况，在教学中从实际出发，抓住重点和难点，熟练运用教法，提高教学效果。

(4)教学中采用互相观摩、互教互学，经常进行必要的检查，对学生的进步给予充分肯定，指出不足之处，使学生对自己的学习和进步充满信心，从而有效提高学习的积极性和进取精神。

(5)教学中没有学生的积极、自觉学习、教师讲授就不可能取得预期效果。教师要有“学而不厌、诲人不倦”的精神，不断以新知识充实自己，把最新科研成果运用到自己的教学实践中，尽量做到科学化，体现先进性。在课程上要仔细观察学生，善于发现学生练习中迸发出的艺术火花和独创精神，并给予积极的培育和鼓励，善于从中得到启发，从而不断地改进教学。

2.直观与思维相结合的原则

这是根据人们对客观事物和现象的认识规律提出来的教学原则。学生通过看示范、听讲解、做练习感知动作的技术，并通过思维活动对感知到的时间、空间、用力程度、用力节奏进行分析对比，强化正确的感觉意识，使之建立正确的动作概念。在贯彻这一原则时应注意“看、听、练”与“想”相结合。

(1)百闻不如一见，教师的示范动作是最生动的直观教学。为了使学生建立正确的动作概念，示范动作必须做得准确、优美、规范并且富于表现力，这对强化动作要领、迅速掌握动作技术具有十分重要的意义。为了加强示范效果，应当在示范动作前告诉学生重点看什么，启发学生“看”与“想”相结合；在教学中采用正误对比的示范方法，能够启发学生主动思考，积极地进行分析、对比、判断等思维活动，加深对技术的理解，提高分析问题的能力。为了扩大学生的知识面，弥补教师示范的不足，还可采用图片、幻灯、录像等直观教学手段，让学生接受更多的图像信息。

(2)生动、形象的讲解既有直观作用，又能启发思维活动。教师在教学中运用生动、形象简明、易懂的语言进行动作方法、要领、规格要求以及用力技巧的讲解或提示，有助于加深学生对正确动作技术的理解。在讲解中通过对韵律、意境的描述，能够启发学生的想象力和表现力，积极地进行思维活动，发展他们的想象力和独创精神。

(3)“想”“练”结合。在学生看示范、听讲解初步建立了动作形象的概念之后，只有通过反复练习才能真正掌握动作技术。在练习中，每次练前有明确的目标，练习中保持清醒的头脑，努力按正确要领完成动作，练后要找出不足，仔细观察同伴的动作，进行分析对比，想想下次该怎么做。运用“想”“练”结合的方法能够深入理解运动原理，快速掌握动作技术。

3. 循序渐进的原则

健美操项目内容繁多，在教学内容、教学顺序以及运动量的掌握、能力的培养等方面都要贯彻循序渐进的原则。

(1)教材的安排应由易到难、由简到繁、由单动作到组合成套动作、由基本动作到难度动作，逐步提高。在教学内容的搭配上，既要考虑分类系统教学的纵向关系，又要考虑各类动作技术和各项身体素质相互迁移的横向关系。在教材衔接上要承前启后，使先学动作成为后学动作的基础，不断扩大教材的深度和广度，使教材具有系统性、科学性和循序渐进性。

(2)教学步骤一般应按照由简单步伐练习到基本动作练习，由原地练习到行进间练习，由局部动作到全身动作，由慢节奏到正常节奏，由单动作到联合动作，由联合动作到组合成套练习，由口领指挥练习到配合音乐伴奏练习这样一个循序渐进的教学程序进行。

(3)课的运动量大小与一次课中完成的动作数量、动作时间、动作难度、动作密度、负荷强度呈正比。健美操教学课的运动量大小要根据学生的身体素质、技术水平和身体状况确定其内涵，一般应由小到大，大、中、小相结合，按照适应→加大→再适应→再加大的规律，有节奏地逐步增加，不可操之过急。

(4)对学生能力的培养要作为重要的教学任务和教学内容贯穿在教学的始终，并随着教学内容的不断增加而不断深化。各种能力的培养也要由易到难逐步增加，加大培养力度，使之能够与技术水平、理论水平达到同步增长。

4. 身体全面发展的原则

健美操动作类型多，各类动作对身体有着不同的锻炼价值，教学中必须考虑各类教材的技术特点和锻炼价值，合理地安排教学内容，使学生在全面掌握各类动作技术的同时，身体也得到全面发展。具体操作时应注意：

(1)在制订教学大纲进度时，应注意各类教材的均衡搭配，使学生全面掌握各类动作技术。

(2)在安排每次课的内容时，既要突出本次课的重点，又要注意使身体各部位的动作交替进行,使各项身体素质均衡协调地全面发展。

(3)考核对教学起着检查促进作用,在确定考核项目和内容时应考虑全面发展身体的因素,考核内容应包括各种项目及各类型基本动作技术,使学生在复习考核动作的过程中,各种身体素质、身体机能和各类动作技术得到全面提高。

5.巩固与提高相结合的原则

从动作技能形成的规律来看,学生初步掌握的动作技术和技能,只有通过不断巩固和提高,使其进一步完善和深化,在大脑中牢固地建立了动力定型,才能够在运动实践中运用自如。因此,在教学中必须贯彻巩固与提高相接合的原则,并注意以下几点:

(1)每个动作必须有足够的练习时间,使正确技术在练习中得到多次重复,从而在大脑皮层中建立牢固的动力定型。

(2)健美操动作在实际应用中不是一成不变的,要使运动技能在千变万化的组合成套动中稳定地表现出来,就必须在练习中变换方式,通过改变动作的开始、结束姿势,改变动作速度、节奏、力度和连接技术,使已获得的运动技能适应各种条件的变化,逐步达到运用自如。

(3)健美操是以组合成套的形式进行练习的。将已掌握的各种单个动作按音乐节奏有机地编排成结构完整的组合成套的形式进行练习,能够有效地增强练习者的协调性、韵律感和表现力,使已掌握的运动技能得到更进一步的巩固和提高。

(4)通过考核、表演或教学比赛等形式,促使学生对已学过的大众健美操动作进行系统复习,提高熟练性,这是巩固和提高运动技术最有效的教学环节和方法手段。

二、健美操动作的教学方法

教学方法是教师在教学过程中,为了完成向学生传授健美操知识、技术、技能,发展与专项有关的各种能力等教学任务而采用的措施和方法。健美操技术课的教学方法很多,一般可归纳为以下几种:完整法与分解法、语言法、观察法、练习法。各种教学法又包括一些具体方法。

1.完整法与分解法

(1)完整法。完整法是指教师对所学动作进行完整教学;完整地讲解、示范、练习,使学生建立正确的完整动作概念。例如,大众二级健美操组合一,用完整法进行讲解、示范和练习,这种方法有利于对动作结构、节奏和连接技术的了解。完整法广泛使用于那些对于学生的技术水平相对简单易学的动作。

(2)分解法。分解法指教师对所学动作,按其节拍分成几个可以单独练习的部分或段落来教,进行分解讲解、分解示范、分解练习。分解法可使复杂的动作简单化,有利于掌握各个环节的细节。但分解法运用之后,还需运用完整法,进行完整动作的练习。例如,在学习三级组合一先教腿与脚的移动,再教手臂动作,然后进行完整动作的练习。分解法适用于复杂的单个动作及组合成套动作的教学,在纠正错误和提高动作质量时也可广泛运用。

在健美操教学中,完整法与分解法通常是紧密结合、交叉使用,并且贯穿在其他教学方法中的。

2.语言法

语言提示的内容包括要做什么(what)、向什么方向做(where)、什么时候开始做(when)、重复次数(repeat)、怎样做(how)和激励(motivation)。

“倒数法”是每个教师应掌握的最基本的语言提示技巧。“倒数法”即在动作开始前或换动作前,用从后向前数的方法提示学生的方法,例如“4,3,step touch”,“4,3,2,换动作”“4,3,2,向前走”等。用“顺数”的方法,学生并不清楚到底应该做多少,因为在“1,2,3,4”后还有“5,6,7,8”,而在“5,6,7,8”后还可能有“1,2,3,4”,但用“倒数法”可以非常明确地告知学员什么时候要换动作了,造成一定的心理定势并提示其做好准备。

利用“倒数法”可提示练习的最基本信息,如做什么、向什么方向做、什么时候开始做和重复次数等,如“4,3,向右 4 次吸腿”,在这个提示中既包含了所有上述信息。“倒数法”的运用还应特别注意节奏的掌握,应把它与音乐节拍融为一体,最常用的“倒数法”的模式是“4(空拍),3(空拍),做什么,(空拍)”,这种提示法一定要在 8 拍的第一拍开始,最后一个空拍正好是动作提示的结束、新动作的开始。在最后一拍可加入“击掌”、“go”或感汉词等。像手臂动作的介绍可以用以下的提示“4(空拍),3(空拍),手臂上推,(空拍)”。如表 3-1 所示。

表 3-1

音乐节拍	1	2	3	4	5	6	7	8
例 1	4		3		手	臂	上推	
例 1 变化					手	臂	上推	拍手
例 2	4		3		左	右	换臂	
例 2 变化					左	右	换臂	Hup

在将要变化动作前发出口令,即有一定的“提前量”是很必要的。1 或 2 拍所投入的信息量非常有限,例如你倒数到 1 然后提示下一个动作时会发现时间不够用,提示很仓促。因此注意要保持所提示的内容清晰,精确,到位,并且总是要提前些,这样才会有准备。

语言提示还可用来提示所完成动作的质量和技术,即“怎样做”。像“加大步幅”、“手臂伸直”、“提高腿”等都是来提示怎样做才能达到动作要求的。同时也可提示练习的强度、速度、节奏或身体的状态和站位,像“膝部放松”、“腿分开”、“重心提高”等。

另外在课中语言提示也常用来激励和教育学生。例如,用高低音提示关键部分内容;提高音调引起学生注意;学生累了用高音来刺激他们。

为有效地在课中运用语言提示的教学技巧,应遵循下列要求:①运用“倒数法”而不是“顺数法”;②应有一定的“提前量”,给学生一定的反应时间;③提示应口齿清晰,动作名称叫法正确,并要在课中统一规范化;④提示应与音乐融为一体,要有一定的节奏;⑤尽量使用正面的语言,如是“抬头”而不是“不要低头”、是“腿伸直”而不是“不要屈腿”;⑥避免使用含义模糊的语言,如不是“开”,而应是“手臂打开”,或是“胸打开”;⑦可利用房间四周的物品来帮助提示动作方向,如“面向窗”比“向右转”意思更明确;⑧比较难的节奏应数出来。

非语言提示:非语言提示有标志和符号、面部表情和视线接触、身体语言,等等。

(1)标志和符号。用于显示方向,如可用镜子、窗子和钟表等具体事物来作为参照物。

(2)手势。利用手势来提示动作是健美操教师最常用的教学技巧,也是教师应具备的教学技能。手势的恰当运用有以下益处:减低声带受损的危险;使你在音响设备不好和参学者较多的情况下仍能达到良好的沟通;可以使一些听力有障碍的人也有机会参加有氧操练习;还可以用拍手、竖大姆指等动作充分地来表示赞许等心理。

手势常用来提示下一步将要变化的方向或动作重复的次数。目前,已经有一些大家公认的手势动作,每个健美操老师也会有自己独特的手势指导方式。

熟练地运用手势,并与语言提示相结合是上好一堂健美操课的重要保证。

(3)面部表情和视线接触。教师的风格大部分显露在其面部表情上,微笑、眼神对视、点头或其他姿态有助于鼓励学生,课前、中、后都要经常的与学生回应眼神与微笑,并且是发自内心而真诚的。

(4)身体语言。身体语言是沟通的重要组成部份,在教学中运用正确的肢体语言和合适的身体位置来演示新的动作,可在课中走动起来及站在学生一侧来让他们模仿你的肢体方位。

3.观察法

在健美操教学中,学生通过看示范动作、看图片、看动作录像等方法能够获得生动、带真实的动作形象。

(1)示范法。教师或指定的学生以准确的动作示范向学生演示动作形象、结构、要领和方法,使学生获得清晰、具体的动作形象,有利于激发学习热情,更真切地模仿动作,更快建立正确的动作概念。

1)示范的要求。示范要有目的性,要根据教学的具体任务确定示范的目的、任务、示范方法及观察重点。例如,为了让学生掌握动作细节,采用重点示范的方法,配合必要的语言提示,让学生随着教师的思路看得更清楚,从而加强示范的效果。

示范动作要力求技术正确、姿态优美、节奏鲜明、富有表现力,使学生能够清楚地看到正确动作的完美形象和技术规格。

2)示范的方法:

完整示范:在进行完整的单个动作或成套动作教学时,采用从预备姿势到结束姿势整个动作过程的完整示范。

分解示范:在分解教学中,按教学步骤,示范动作的某个部分或身体某一部位的动作。例如,示范转体的起动动作、示范腿的动作。

重点示范:根据动作的教学或纠正错误的需要,重点示范某一技术环节或成套中的某几个动作的连接技术。

领做示范:在初学单个动作或组合动作时,领做是必不可少的教学方法。教师在队伍的前边领着做,学生跟在后边模仿或跟着一起做。领做具有示范和提示的双重作用。

正误对比示范:由教师或指定学生做示范,既演示正确动作,又演示错误动作,并且进行对比分析,让学生知道错在哪里。常用于纠正错误时。

各种示范都可根据需要采用放慢速度的方法进行,配以必要的讲解,让学生看清楚技术细节;或按正常速度示范,给学生建立正确的动作概念。

3)示范的位置和方向。示范确定位置以让学生看清楚为原则,根据学生所站的队形来确定示范位置。一般的体操队形,教师应站在正前方居中,横排队形,教师站在等边三角形顶端。若是四列或更多列横队,可让前排的学生蹲下,使后排的学生也能看清。还可将多列体操队形分成前后或左右两半,两部分学生相隔 3～4 米对立,教师在中间做示范。在圆形队形上,教师应站在圆内,沿内圆行进做示范。

示范的方向要根据动作而定。如肢体左、右移动的动作采用镜面示范,肢体前、后移动的动作采用侧面示范。领做一般采用背面示范,教师应站在学生的前方领做,当动作方向改变时,教师要及时更换领做的位置。

(2)图示法。利用健美操的动作图解、动作照片、动作路线示意图或队形变化示意图进行教学可以弥补讲解的不足,有助于学生对身体各部位姿态、动作的技术规格、身体与器械配合的技术细节以及场上移动方法与效果的理解,有助于提高学生学习的积极主动性。

(3)电化教学法。科学技术的发展为大众健美操教学提供了现代化的教学手段。教师可利用幻灯、录像、电影等手段进行形象化教学。这些手段能够弥补示范动作的不足,能够传播更多的技术信息。例如,播放大众健美操成套动作录像,或将自己编的动作录下来进行分析。采用重放、慢放、定格等操作方法,使所要观察的动作看得更加清楚。这些方法有助于加速掌握动作技术,开阔学生眼界,了解更多的技术信息,丰富专业知识,增加学习兴趣。

4.教学与练习方法

健美操常用的教学方法有线性渐进法、金字塔法、递加法、连接法、过渡动作法和分解变化法共六种。

(1)线性渐进法(Linear progression)。这是一种不会发展成组合或套路的最简单的自由式教学方法。在把动作顺序串起来时,线性渐进法每一次只作一个小小的改变,这些变化可以是上肢动作,腿部动作或加入变化因素。

例如:(符号部分为变化因素)

节拍	动作	下肢动作	移动	方向	上肢动作
1-32	A	16×侧并步 step touch	原地	面朝前	自由摆臂
1-32	A	16×侧并步 step touch	原地	面朝前	臂屈伸*
1-32	B	8×侧并二步 double step touch *	侧移动	面朝前	臂屈伸
1-32	B	8×侧并二步 double step touch	侧移动	面朝前	屈肘上提*
1-32	C	8×交叉步 grapevine *	侧移动	面朝前	屈肘上提
1-32	C	8×交叉步 grapevine	侧移动	面朝前	前伸 *
1-32	D	4×交叉步接后屈腿 3 次 *	侧移动	面朝前	前伸
1-32	D	4×交叉步接后屈腿 3 次	侧移动	面朝前	自由摆臂 *

总之,从基本动作中选择动作加入变化因素会使你产生无穷的创造力,多样性是关键。在线性渐进中,从上一个动作过渡到下一个动作必须是容易跟上的,再加上预先提示、均衡地选择动作类型和身体平面,这样的线性过渡才是有效的。

(2)金字塔(Pyramid)。象金字塔形状一样，是一种重复单个动作次数的方法，既可以逐渐增加也可以减少。正金字塔法是逐渐增加重复次数，同时要适合音乐节奏并且进展很轻松；倒金字塔是减少重复次数，增加了组合动作的复杂度。金字塔教学方法的主要优势是使学员专注于动作、身体姿态、动作技术和练习强度。

正金字塔	倒金字塔
开始	开始

结束	结束

例如：

侧点地 tap side	蹲(并腿/分腿)
1R+1L 至 2R+2L 到 4R+4L	8 并腿蹲+8 分腿蹲
甚至到 8R,8L	至 4 并腿蹲+4 分腿蹲

例如：

侧点地接吸腿 tap side+knee up	同正金字塔但重复次
1tap side R+1knee upR	数相反“从 4 到 2 到 1”
1tap side R+1knee upL	
到 21tap side R+2knee upR	
2tap side R+2knee upL	
甚至到 4×每一个动作	

其中，R 代表右，L 代表左。

(3)递加法(Add on)。每一次只能加一个动作，如：A，A+B，A+B+C，A+B+C+D。无论你教到哪一段动作，用递加法都要回到开始的动作即 A。值得注意的是在整节中也可用递加法来连接不同的组合，如：组合 A+组合 B。

递加法是很简单的教学法，问题是加入的动作太多就很难回想起和前段动作，很难回到开始一点，即 A 动作，建议最多用 4～8 个动作。

例如：

教 A 动作	跑步 jog(向前/向后)	8jog(Fwd/Bwd)
教 B 动作	侧并步 step touch(原地)	step touch(OTS)
把 A 和 B 动作连接		8jog
		4step touch
又教 C 动作	3 侧点开+开合跳 1 次	3tap side+1jumping jack
把 A,B 动作和 C 连接		8jog
		4step touch

		3tap side＋1jumping fack
再教 D 动作	交叉步	8jog
		4step touch
		3tap side＋1jumping fack
		2grapevine

(4)连接法(Linking)。连接法通常称为"部分到整体"法，是 A 和 B 动作教会后连起来，C、D 动作一样，最后把 A＋B 动作和 C＋D 动作连接，产生一个四个动作的组合套路。再可以进一步连接 E＋F 和 H＋I 从而发展出一个很长的组合套路。

例如：

教 A 动作	向前/后走 4 步	walk Fwd/Bwd
教 B 动作	侧点地	tap side
连接 A＋B		1walk Fwd/Bwd
		4tap side
教 C 动作	开合跳	jumping jack
教 D 动作	侧并步	step touch
连接 C＋D		4jumping jack
		4step touch
最后连接 A＋B 动作和 C＋D 动作		1walk Fwd/Bwd
		4tap side
		4 jumping jack
		4step touch

(5)过渡动作法：包括过渡保持法(Holding Patterns Addition)和过渡动作去除法(Holding Pattern Removal)。

1)过渡保持法。过渡保持法是在教复杂动作和新的组合之前加入一个简单的过渡动作的方法，其主要目的是保持学生的心率不下降，或当你需要给你自己或学生脑子休息一下的时候让你获得时间调整一下，也给学生看清动作并赶上动作。过渡动作可插入你所教的动作之间。

例如表 3-2 所示。

表 3-2

A 动作　　2 交叉步	2grapevine
B 动作　　2 侧并两步	2double step touch
然后加入过渡动作跑步就变成：	＋jog
A 动作　　2 交叉步	2grapevine
过渡动作　8 跑步	8jog
B 动作　　2 侧并两步	2double step touch
过渡动作　8 跑步	8jog

加入的过渡动作可供选择的有踏步 march，侧并步 step touch，跑步 jog，在教复杂动作之前过渡动作的选择应与复杂动作结构相似，国外流行用一个组合动作(32 拍组成)作为过渡组合(Holding-Pattern Block)穿梭于每个较复杂的组合之间，使你教高级班时，有机会有时间考虑下一个复杂动作，但这个过渡组合必须简单易学并易于记忆。

2)过渡动作去除法。与上面的教学技巧正好相反，上面的方法教组合时每一个动作之间保留着过渡动作，接下来逐渐去掉过渡动作以便达到最后的成果。当教复杂动作时，过渡动作被看做为一个“舒适时段”。但组合中过渡动作太多也会感到很累、很枯燥，在最后完成整套组合前必须去掉过渡动作。去掉过渡动作使动作组合呈现出更多多样性。上课就会更有趣、更有吸引力、更扑朔迷离。

例如：

教 A 动作　　动 V 字步转 360°接倒 V 字步(即 A 字步)

过渡动作　　4 次 V 字步(面朝前)

教 B 动作　　向前走三步依次抬膝三次转 180°(面朝后)

　　　　　　接向后走三步依次抬膝转 180°(面朝前)

过渡动作　　4 次 V 字形(面朝前)

然后去掉过渡动作，变成：

　　　　　　A 动作　正 V 字步转 180°接 A 字步

　　　　　　B 字步　向前、后走三步依次抬膝三次并转身 180°

选择 V 字步作为过渡动作是考虑到 V 字步与 A 的动作相似易记，又是基本动作，简单易学。

(6)分解变化法(Breakdown and layering)。分解变化法是一种教学单动作的方法，即把复杂的动作分解成最原始的形式进行教学再逐渐增加变化的方法。分解变化是健美操教学中“保证学员能跟上动作”的最基本的教学方法，在你教一个无论其简单还是复杂的动作时，首先要辨认出这个动作的原始形式是什么，从这个最简单的动作开始练习。在你的学员已经很熟悉这个动作的基础上，再加入一个变化因素并反复练习，在学员熟练后，再加入另一个小小的变化因素并反复练习，以此类推直到完全掌握你所编排的动作。

例如表 3-3 所示

表 3-3

动　作	原始形式	教学过程
V 字步 V step	踏步 march	march-easy walk-V step
侧交叉步 grapevine	侧并步 step touch	Step touch-double step touch-grapevine
侧并步 L 形	侧并步 step touch	Step touch-step touch L shape-step
Step touch L shape		Touch L shape＋两臂交替上举
同时两臂交替上举		或者 Step touch-step touch＋两臂交替上举- Step touch L shape＋两臂交替上举

在实际教学中，分解变化法应和其他教学方法综合运用。例如：你想教下面一个组合动作，可有两种方式：

组合动作：	向前/后走 3 步吸腿	1 walk Fwd/Bwd knee
	2 侧交叉步	2 grapevine
	4 侧并步 L 形	4 step touch L shape
	4 侧点地(单单双)	4tap side SSD

①先进行单动作练习并加入所有变化后，再连成组合动作。

教 A 动作：踏步 march

向前/后走步 walk Fwd/Bwd

向前/后走 3 步吸腿 walk Fwd/Bwd knee

教 B 动作：侧并步 step touch

侧并二次 double step touch

侧交叉步 grapevine

侧交叉步 grapevine+上肢动作

A 动作+B 动作：

向前/后走 3 步吸腿 walk Fwd/Bwd knee

侧交叉步 grpevine+上肢动作

教 C 动作：侧并步 step touch

侧并步 L 形 step touch L shape

侧并步 L 形 step touch L shape+上肢动作

教 D 动作：侧点地 Tap side

侧点地 tap side SSD

侧点地 tap side SSD+上肢动作

C 动作+D 动作：

侧并步 L 形 step touch L shape+上肢动作

侧点地 tap side SSD+上肢动作

A+B+C+D 动作：

向前/后走 3 步吸腿 walk Fwd/Bwd knee

2 侧交叉步 grapevine+上肢动作

4 侧并步 L 形 step touch L shape+上肢动作

4 侧点地(单单双)tap side SSD+上肢动作

②先把基本动作联成组合动作，再在其基础上进行变化。

教 A 基本动作：踏步 march

教 B 基本动作：侧交叉步 grapevine

A 基本动作+B 基本动作：

8 踏步 march

2 侧交叉步 grapevine

教 C 基本动作:侧并步 step touch

教 D 基本动作:侧点地 tap side

C 基本动作+D 基本动作:

4 侧并步 step touch

4 侧点地 tap side

A+B+C+D 基本动作:

8 踏步 march

2 侧交叉步 grapevine

4 侧并步 step touch

4 侧点地 tap side

加入 A 动作的变化:

1 向前/后走 3 步吸腿 march Fwd/Bwd knee

2 侧交叉步 grapevine

4 侧并步 step touch

4 侧点地 tap side

加入 B 动作的变化:

1 向前/后走 3 步吸腿 march Fwd/Bwd knee

2 侧交叉步 grapevine+上肢动作

4 侧并步 step touch

4 侧点地 tap side

加入 C 动作的变化:

1 向前/后走 3 步吸腿 march Fwd/Bwd knee

2 侧交叉步 grapevine+上肢动作

4 侧并步 L 形 step touch L shape

4 侧点地 tap side

加入 D 动作的变化:

1 向前/后走 3 步吸腿 march Fwd/Bwd knee

2 侧交叉步 grapevine+上肢动作

4 侧并步 L 形 step touch L shape

4 侧点地(单单双)tap side SSD

总之分解变化法是逐步进行的,每次必须只改变一个动作,改变太多学生会感到困难而跟不上。

5. 教学方法的应用

当你理解并掌握这些教学方法时,你会发现教学方法不止一种,但一条学习曲线会帮助教完所有组合动作,如分解变化法—递加法—倒金字塔—过渡动作法,每个八拍练习动作都伴有教学方法。

你所选定的教学方法将成为你每堂课的一个重要因素，用来带领学生走完学习过程。当你教完组合时，由于他们一直跟着你，对学生来说完成这些多样性的动作变得很容易，他们也从教学进程中得到益处。

教学方法是多样的，你必须不断实践，从每个方法中学到最多的东西，这些学到的东西也只有通过实践才能运用自如。

三、动作技能形成各阶段的教学特点

大众健美操技术教学的主要任务之一是使学生正确掌握动作技术和不断提高运动技能。动作技能的形成分三个阶段，每个阶段的教学任务和教学特点亦不同，必须采用灵活多变的教学方法，才能缩短动作技能形成的时间。

1. 粗略掌握动作阶段

这个阶段的教学任务是使学生建立正确的动作表象和概念，粗略掌握动作方法，防止多余动作和错误的出现。此时常采用集体练习的形式，运用完整示范、分解讲解、由分解练习到完整练习、由慢动作到正常节奏的领做、用口令加动作顺序的提示指挥练习、集体纠正带有普通性的错误、运用助力法帮助学生建立正确的肌肉身体感觉、讲解中强调完成动作的关键技术等等方法，使其初步建立动作概念，掌握动作节奏基本方法。

2. 改进与提高阶段

这个阶段的教学任务是消除各种错误，进一步掌握动作技术细节，提高动作的准确性、协调性、节奏感。常采用综合性的教学方法，例如：采用重点讲解、重点示范、正误对比示范、完整练习与分解练习相结合、集体指导与个别指导相结合等的方法，使每种错误都有相应的纠正方法；在练习中用口令与音乐伴奏相结合的方式来提示动作的用力时机、方向、幅度、力度以及姿态、形体表现等技术要点，不断强化正确要领；重视学生自我评价和相互评价，如照镜子做练习进行自我检查、互相观察或看图片、看录像对动作进行分析、相互评价；强化对正确技术的认识和对错误动作进行自我调控的主动性，使其能够有效地防止或纠正错误动作，进一步掌握动作难点和技术细节，逐步准确、连贯、协调地完成动作。

3. 巩固与运用自如阶段

这个阶段的教学任务是不断强化已形成的运动技能，进一步提高动作质量，增强动作的熟练性、准确性、幅度和表现力，使学生能够轻松自如、准确、优美地完成动作，运动技能达到自动化程度。这个阶段常采用成套动作的重复练习和测验、表演及加大运动量的练习，以增强体能，提高应变能力，达到最佳竞技状态。此时，应通过讲解使学生更进一步理解动作原理、动作变化规律，有助于学生举一反三、触类旁通，达到运用自如。

大众健美操教学实践表明，在运动技能形成的各阶段，根据学生基础和动作特点，灵活地运用各种教学方法，把若干种教学方法合理搭配、综合运用，能够取得最佳效果。

第四章 健美操术语

第一节 健美操基本术语分类

一、运动基本术语

1.方向术语

当你站在场地中央时，如图 4-1 所示，从你的前、后、左、右会放射出 8 条射线，这就是所说的 8 个方向点。

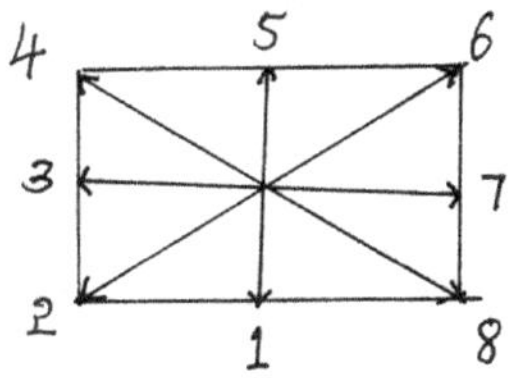

图 4-1

1 点——正前方	2 点——右前方
3 点——正右方	4 点——右后方
5 点——正后方	6 点——左后方
7 点——正左方	8 点——左前方

2.运动方向术语

(1)前(Front)：胸部所对的方向。向此方向发生位移为向前。

(2)后(Back)：背部所对的方向。向此方向发生位移为向后。

(3)侧(Side)：一侧肩所对的方向。向此方向发生位移为向侧，有左侧、右侧。

(4)上(Up)：头顶所对的方向。向此方向发生位移为向上。

(5)下(Down)：脚底所对的方向。向此方向发生位移为向下。

(6)左前(Left diagonal front)：前和左侧的中间 45°的方向。反方向为右前。

(7)左后(Left diagonal back)：后和左侧的中间 45°的方向。反方向为右后。

(8)顺时针(Clockwise)：转动过程与时针运动方向相同。

(9)逆时针(Anticlockwise)：转动过程与时针运动方向相反。

运动方向指身体各部位运动的方向，运动方向一般是根据人体直立时基本方位来确定。以上基本方向术语中提到的 9 个方向都适用于身体部位运动的方向。补充如下：

(1)中间方向和斜方向：指两个基本方向之间 45°的方向。例如，侧上、前下。

(2)向内：指肢体由两侧向身体正中线的运动。

(3)向外：指肢体由身体正中线向两侧的运动。

(4)同向：指上肢和下肢向同一方向运动。

(5)异向：指上肢和下肢相反方向运动。

3. 动作连接过程术语

在描述一个连续动作过程时，可借鉴体操中的术语，用于表达动作之间的连接关系及动作顺序。

(1)由：指动作开始的方位。

(2)经：指动作过程经过的位置。

(3)成：指动作完成后的结束动作。

(4)至：指动作必须达到某一指定位置。

(5)接：两个单独动作的连接。

4. 动作之间相互关系术语

(1)同时：不同部位的动作在同一时间完成。

(2)依次：肢体或不同个体相继做同样性质的动作。

(3)交替：不同肢体或不同动作反复进行。

(4)同侧：与最初开始动作的肢体同一方向的上、下肢动作配合。

(5)异侧：与最初开始动作的肢体不同方向上的上、下肢动作配合

(6)对称：左、右肢体做相同动作但方向相反。

(7)不对称：左、右肢体做不相同的动作。

5. 移动术语

移动指身体根据参考点所产生的移位。

(1)原地(On the spot)：无位移，指健美操运动中完成一个步伐后回到原地。

(2)移动(Travel)：身体向某参考点运动所产生的位移。

(3)转体(Turn)：身体绕垂直轴转动一定的度数。如转体 90°，180°，360°。

(4)绕圈(Circle)：以某一点为轴心以一定距离为半径所形成的圆圈。

6. 运动轴与面关系术语

人体运动时包含了轴与面的关系，如单臂体侧大绕环就是手臂围绕额状轴(肩轴)在矢状面上的运动。

(1)矢状轴(Sagital Axis)：俗称前后轴，是前后平伸与水平面平行，与额状面垂直的轴。

(2)额状轴(Frontal Axis)：俗称横轴，是左右平伸与水平面平行，与矢状面垂直的轴。

(3)垂直轴(Vertical Axis)：俗称纵轴，是与人体长轴平行，与水平面垂直的轴。

(4)矢壮面(Sagital Plane)：沿身体前、后径所作的与水平面垂直的切面。矢状面将人体分为左、右两半。

(5)额状面(Frontal Plane)：沿身体左、右径所作的与水平面垂直的切面。额状面将人体分为前、后两半。

(6)水平面(Horizontal Plane)：横切直立人体与地面平行的切面。水平面将人体分为上、下两半。

二、健美操专门术语

1. 健美操概念术语

（1）有氧练习（Aerobic Exercise）：以人体有氧系统供能的、运用大肌肉群的、持续的和有节奏的练习。有氧健美操是有氧练习的一种。

（2）冲击力（Impact）：人体运动时对地面产生一定的作用力的同时，地面也给予人体相应的反作用力，即“冲击力”。这种冲击力随着每一个动作自下而上通过人体向上传递并逐渐消失。

（3）无冲击动作（Non-Impact Moves）：两只脚都接触地面的动作或不支撑体重的动作。如半蹲（squat）、弓步（lunge）、提踵（heel raise），等等。

（4）低冲击动作（Low-Impact Moves）：总有一只脚接触地面的动作。如踏步（March）、漫步（Mambo）、点地（Tap，Touch）、V 字步（V-step）、后屈腿（Leg curl）、交叉步（Grapvine）、并步（Step touch），等等。

（5）高冲击动作（High-Impact Moves）：两只脚都离开地面，即有腾空姿势的动作。如开合跳（Jump jack）、弹踢腿跳（Flick jump）、点跳（Pony），等等。

（6）核心部位：指腰腹部位，保持身体稳定主要肌群，包括腹直肌、腹外斜肌、腹内斜肌、腹外横肌和竖脊肌。

2. 健美操基本步伐术语

健美操的基本步伐分类方式有多种，按其冲击力的大小可分为低冲击、高冲击和无冲击动作；按其动作完成形式的不同又可以分为五类（见表 4-1）。

表 4-1 健美操动作分类表

类别	低冲击动作	高冲击动作	无冲击动作
踏步类	踏步（March） 走步（Walk） 一字步（Easy walk） V 字步（V-step） 曼巴步（Mambo） 桑巴步（Samba） 恰恰步（Cha Cha）	跑步（Jog） 小马跳（Pony）	
迈步类	并步（Step touch） 交叉步（Grapevine） 迈步点地（Step tap） 迈步吸腿（Step knee） 迈步后屈腿（Step curl） 迈步踢腿（Step kick） 滑步（Slide）	迈步吸腿跳（Step knee） 踏步跳（Leap）	

（续表）

类别	低冲击动作	高冲击动作	无冲击动作
点地类	脚尖点地(Touch，tap) 脚跟点地(Heel)		
抬起类	踢腿(Kick) 摆腿(Leg lift) 吸腿(Knee up)	弹踢腿跳(Kick jump) 摆腿跳(Leg lift) 吸腿跳(Knee up) 钟摆跳(Swing)	
双腿类		并腿跳(Jump) 开合跳(Jumping jack) 弓步跳(Lunge jump)	弹动(Spring) 半蹲(Squat) 弓步(Lunge) 提踵(Calf raise) 箭步蹲(Lunge)

目前健美操已经从原来单纯的、传统的有氧操逐渐发展为吸收越来越多其他项目风格的有氧运动项目，所以其他项目的术语也就自然而然的被采用。如果按照术语的不同来源我们也可以把术语这样分类：

健美操中的许多术语就是来源于生活中的一些基本运动，如踏步(March)、走步(Walk)、跑(Jog)，等等。

还有许多术语是采用了体育舞蹈中的一些术语，如漫步(Mambo)、恰恰步(Cha cha)，等等。

虽然健美操运动来源于国外，但是我们在学习和锻炼过程中也加入了一些中国传统舞蹈的动作，如秧歌步，也就是十字步(Cross step)等。

另外也还有一些来自搏击、跆拳道中的一些术语，如侧踹(Side kick)等。

在竞技健美操中许多的难度动作术语都是来源于体操，如俯卧撑(Push up)、托马斯全旋(Flair)、科萨克跳(Cossack jump)，等等。

还有一些来源于武术难度动作，如旋风腿(Kick)和体育舞蹈中的剪踢(Scissors kick)以及跆拳道中的一些跳起的踢、踹，等等。

3.基本上肢动作术语

健美操的上肢动作一部分来源于体操动作，如屈臂(Bicep curl)、伸臂(Tricep kickback)、绕(Scoop)，等等；一部分来自于健身运动的器械练习，如下拉(Putdown)、肩上推(Shoulder press)，等等；还有一些来自其他运动项目的动作，如搏击中的冲拳(Punch)、武术中的剑指(Falchion finger)，以及体育舞蹈中的西班牙手型，等等。

4.身体其他部位的动作术语

(1)胸部主要动作有含胸、展胸、振胸。

(2)腰部主要动作有腰部的屈、转、绕和绕环等。

(3)髋部动作主要有顶髋、摆髋、绕髋等。

(4)躯干部动作主要有向前、向后、向侧的波浪动作。

这些动作也主要是来源于体操和体育舞蹈。

5. 地面动作术语

在健美操课中有一部分内容是在地面上进行的局部力量练习。例如，练习腹部和背部的肌肉，都可通过不同的姿势来实现。

(1)坐姿：以臀部着地的姿势，有屈腿坐、并腿坐、分腿坐、半劈腿坐、盘腿坐等。

(2)跪姿：屈膝并以膝着地的姿势，有跪立、单腿跪立、跪坐等。

(3)卧姿：身体躺在地上的姿势，有仰卧、侧卧、俯卧等。

(4)撑：手着地并承担身体重量的姿势，有俯撑、跪撑、蹲撑、仰撑等。

6. 竞技健美操难度动作术语

2005—2008 年版《竞技健美操竞赛规则》中把健美操难度动作分为四类：A 组——动力性动作、B 组——静力性动作、C 组——跳与跃、D 组——平衡与柔韧。这些动作中绝大部分都是以常规术语描述，如单臂单腿俯卧撑(1 arm 1 Leg push up)、转体 360°团身跳(1/1 Turn tuch Jump)、分腿水平支撑(Free support Straddle lever)。另外，也有一些动作是以特有的术语名称来代指，如文森(Wenson)、直升飞机(Helicopter)、托马斯全旋(Flaiur)等，四类难度动作的名称及简单表述如下：

A 组——动力性动作

(1)俯卧撑：以俯撑姿势开始和结束(可单臂或单腿支撑)所完成的俯卧撑动作。

(2)文森：以俯撑姿势开始，一腿伸直搭或控在同侧肱三头肌上部的动作。

(3)提臀起：以俯卧撑开始，双臂用力推起使身体腾空，空中提臀成屈体，以俯卧撑结束。

(4)分切：以俯卧撑开始，双臂用力推起使身体腾空，空中完成提臀并分腿摆越前穿，以仰撑姿势结束。

(5)旋腿：以前撑开始，完成一次俯卧撑，在俯卧撑推起肘关节伸直的同时腿部由后经侧向前摆动的动作。

(6)托马斯全旋：以分腿姿势开始，双手支撑体重，两腿以分腿姿态绕身体转动，当转至支撑臂下时，两臂依次抬起的动作。

(7)直升飞机：以单手撑地、前腿交叉与另一腿上的分腿坐开始动作，前腿摆动过身体时抬手以中背部支撑身体、当两腿均摆过身体成肩转动时完成一个 360°转体并提起以俯卧撑姿势结束。

B 组——静力性动作

(1)分腿支撑：以双手触地的分腿坐姿开始，双手推地屈髋分腿提起，并使两腿与地面保持平行的动作。

(2)直角支撑：以双手触地、两腿收紧于体前伸直的坐姿开始，双手推地屈髋提起，并使并拢的两腿与地面保持平行的动作。

(3)肘撑类：双手撑地，身体支撑在肘关节和肱三头肌上，两腿分开与地面平行并与脊柱成一直线，整个身体不得超过水平面以上 30°的动作。

(4)水平支撑:双手撑地,直臂支撑身体,两腿并拢,使身体成一直线并不得超过水平面以上30°的动作。

C组——跳与跃

(1)团身跳:以站立姿势开始和结束,垂直起跳,空中屈膝上举至胸成屈体位置。

(2)屈体分腿跳:以站立姿势开始和结束,双脚垂直起跳,空中成分腿屈体姿势(双腿夹角90°成水平或高于水平位置并与躯干夹角不大于60°),手臂与躯干高于双腿伸展开。

(3)科萨克跳:以站立姿势开始,双脚垂直起跳,空中双腿并拢并平行于地面,其中一腿伸直,另一腿于膝关节处弯曲,双脚并拢着地。

(4)跨跳:从助跑开始,单腿前跃起跳,空中上体正直、双腿成纵劈腿姿态,落地时前脚先着地,站立姿势结束。

(5)横劈腿跳:站立姿势开始和结束,双脚垂直起跳,空中上体直立、双腿举起至横劈腿位置,双脚并拢着地。

(6)交换劈腿跃:从助跑开始,单脚前跃起跳,空中双腿交换成纵劈腿姿态,落地时双腿并拢成站立姿势。

(7)剪式变身跳:从助跑开始,单腿起跳的同时转体180°,空中交换腿展示纵劈腿姿态,前脚先落地,以面向起跳的相反方向的站立姿势结束动作。

(8)剪踢:从助跑开始,单脚起跳,前腿前踢至水平面上时反腿剪刀式腾空交换大踢,前脚落地。

D组——平衡与柔韧

(1)转体:以站立姿势开始和结束,单腿控制转体360°(或更多),身体保持直立,手臂和自由腿动作不限。

(2)搬腿平衡:以站立姿势开始和结束,一腿伸直举起至胸前或体侧并处于肩关节上方,一手抱住并举起腿使身体成平衡并保持2秒钟。

(3)高踢腿:以站立姿势开始和结束,连续四次脚尖到或过肩的高踢腿,手臂动作任选。

(4)劈腿:双腿充分伸展成纵劈腿或横劈腿的姿势,同时要保持上体正直的动作。

(5)依柳辛:以站立姿势开始和结束,一腿后摆举起在垂直面内划圈360°,同时身体以支撑腿为支点转体360°,一手在支撑腿侧触地的动作。

第二节　健美操动作术语的运用

一、健美操动作术语构成的形式

1. 学名

学名为动作基本术语所组成的名称。它应具备准确、简明、组合的特点,是一种规范化、全国统一的动作名称术语,常用于公开发行的图书和各种正式文件中。

2.命名

在重大国际比赛中，第一次成功完成新创新难度动作的运动员名字或国家所命名的动作名称，例如：给纳（前摆转体180°落俯撑、横叉等姿势）。此类命名目前在竞技健美操中还不多见，但随着技术的飞速发展，有可能见到以我国运动员名字所命名的动作。

3.简称

把一个较繁、较长的学名，简化成为一种动作名称。如撕叉跳（交换腿劈叉跳）、两点俯卧撑（单臂单腿俯卧撑）、团身360°跳起180°团身再转180°等。

4.俗称

目前广泛流行并基本定型、简短通俗的名称，还包括由基他项目移植过来的名称。如依柳辛、双飞燕、托马斯。

5.图解

用图形、图像表示动作名称，常和前几种形式并用。

二、健美操动作术语构成因素

(1)动作部位：身体各部位的术语。

(2)动作方向：身体运动的方向及路线。

(3)动作性质：动作类型

(4)结束姿势：最后所成的势。

三、健美操动作术语记写方法

(1)完整记写法。根据术语记写的要求，详细、准确地描述具体动作。一般用于编写教材、等级动作、等级大纲、锻炼标准。

(2)缩写法。只说明开始姿势和动作名称，常用于书写教案。

(3)图解法。用简图说明动作，方便、直观。

(4)符号表示法。运用国际体操联合会统一的记写符号表示动作。

(5)表格记写法。采用表格的形式分别对步伐、手臂、手形、(面向)方向进行记写。

四、健美操动作的记写要求

(1)一般应包括预备姿势、动作做法(动作部位、动作方向、动作性质)以及结束姿势。

(2)通常只写第一个动作的预备姿势，然后按动作的节拍顺序逐一记写。如果后若干拍动作与前面若干动作做法相同，后面若干拍动作要省略不写。如5-8拍同1-4拍，如方向不同应注明：方向相反。

(3)每拍单个动作的记写方法有两种：

1)按腿、臂、手形、躯干最后是头部的徒手操描述方式。

2)格式化的记写，如二、三组运动员等级规定动作的记写方式。

(4)动作路线的记写。在上、下肢所经过的路线最短时，可省略路线的术语。反之，则应注明上、下肢所经过的路线。

(5)动作方向的记写。以开始动作的方向而定，如直立、两臂上举与两臂下举的开始姿势不同，在描述绕环时的方向也不同。上举向侧经下体前交叉至侧上举称“向外绕环”，反之由下举开始经体前、上举、侧举称“向内绕环”。

(6)最常遇到的和常见的可省略。如前平举，可省略“平”字。前举一般是手心相对，可省略，反之都要加以说明。一般姿势要求可省略，如前踢腿，不用写直腿前踢。

第三节　健美操动作的图示方法

一、动作图示的意义和作用

动作图示是以绘画的形式形象地表达动作的全过程、运动形态，以达到了解动作的目的。掌握其方法，能以形象化、具体化的图像代替冗长费解的语言描述，便于启迪学生的思维，是直观教学的手段，也是快速记忆动作的好方法。

图示要求：首先是能表达动作的技术及要领，其次是运用绘画技巧，使动作更加生动，人物形象更加符合动作美。

二、动作图示的表现形式

1. 动作图示的种类

(1)线条图：除头部用椭圆形表示外，躯干用双线、四肢用单线表示。它是体育简图中最简单易学、最常用的一种。如可在大纲、教案中，用于快速记录操化动作。

(2)实体图：黑体图，其人体轮廓用全黑显示。优点：黑白对比强烈，能清晰表现运动形态。做技术挂图效果好。缺点：画面不宜重叠，左、右转动变化不易分清，不适合做正面图示。一般用于较简单的侧视图。

(3)轮廓图：以简练的线条完整地勾画出人体动作时真实的形态，要有一定的绘画技巧，除面部外，四肢和躯干要求轮廓清楚，比例正确。它是体操专业书刊及科研中常用的主要图解形式。

2. 动作图示的表现形式

(1)动作过程图：从开始姿势→主要部位所经过的路线→结束姿势，常用于操化动作的描述。

(2)动作技术图：动作的全过程，主要是技术的关键部分，常用于难度动作的技术描述。

(3)利用电影拷贝制成：等时连续图，选时连续图，连续轨迹图。

三、常用动作图示的绘制方法及其要求

1. 掌握形体特征

(1)一般外形特征。四肢稍长，肩宽，髋窄，臀小，腰位高，胸、背轮廓明显，男性呈倒三角，女性身、腰纤细，臀竖，髋窄于肩。

(2)身体比例：

1)静止形态特征。人体比例一般指人体各部分之间的度量比较。一般以头的高度为度量单位来衡量人体的高低、胖瘦及人体各部位的大小、长短,即“头高比例”(见图 4-2)。

图 4-2 头高比例图

画单线图时我们采用 8.0 的比例,即身高为头长的 7 倍。

身高 8.0,头 1.0,颈 0.5,肩宽 1.5,腰宽 0.5,髋宽 1.0,躯干 2.5,手臂长 3.0,其中上臂 4/3,前臂 1.0,手 2/3,腿长 4.0,其中大腿 2.0、小腿 2.0、脚 0.5。

2)运动形态特征。人体在运动时的部分肢体或部位,常处于透视状态,并因此发生比例变化。健美操常见的动作比例变化为:臂上举 9.5,直立、开立、稍息 8.0,大开立 7.5,半蹲、弓步 6.5,跪立 6.0,跪坐 5.0,体前屈 4.5,全蹲、直脚坐 4.0,俯撑、蹲撑、跪撑 3.5(见图 4-3)。

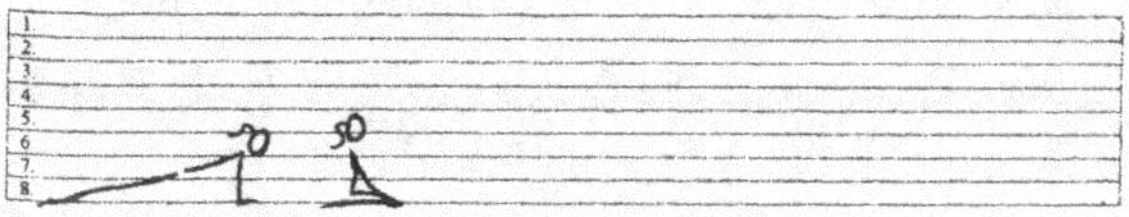

图 4-3 人体运动时头高比例图

2.绘制方法

(1)制作比例格。制作八个横线的比例格,垫在绘图纸下。

(2)正面图(见图 4-4),用于表示体侧屈和四肢向侧运动,注意重心位置。

头部用椭圆弧形和代表发型的曲线表示(见图 4-5)。

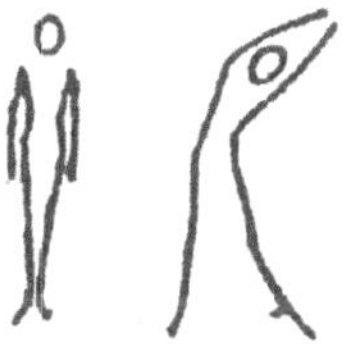

图 4-4

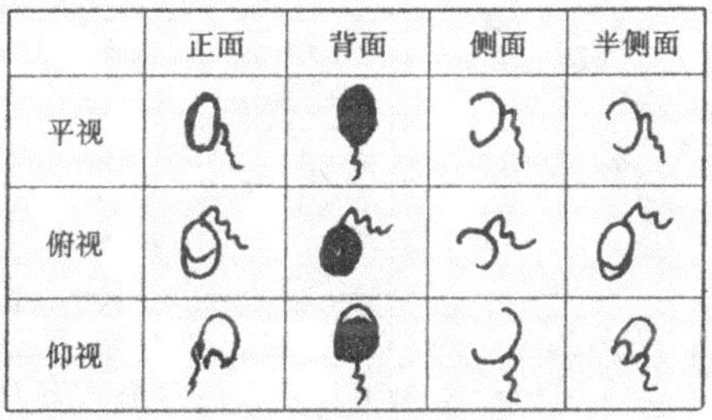

图 4-5

抬头:黑发少,脸短,下颌呈向上的弧形。

低头:黑发多,脸短,无下颌。

躯干:由两侧的曲线构成肩宽、腰细、髋稍宽的两个相对的三角形(见图 4-6)。

图 4-6

四肢:躯干线条从肩向手臂伸展的方向延伸两条线。从髋开始向下延伸两条线至脚跟处,沿地平线拐弯稍外展,表示两条腿和脚(见图 4-7)。

(3)背面图:将头部涂成黑色,站立时脚尖向后(见图 4-8)。

(4)侧面图：用于表示前后的运动。

头部：用弧线表示，加头顶黑发和后脑发型。

躯干和四肢：用一条线串联起来，在躯干部位画弧线表示颈、胸、腰、臀的前后弯曲度，从臀部直向下画出腿的线条(屈膝时小腿比大腿长)，脚跟与地面平行，起踵立时踝关节伸直，脚背与小腿成一直线(与地面平行)，脚趾与地面平行。脚跟向后伸出一点(见图 4-9)

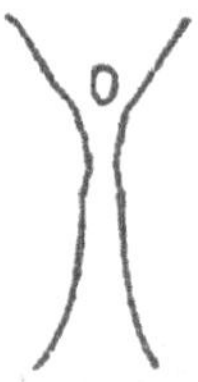
图 4-7

图 4-8

图 4-9

3. 常用的几种表示方法

(1)远端肢体的表示；在画侧画图时“近侧连，远侧断”近侧的肢体从手以躯干到脚尖是一条完整的线，远侧肢体运动时手臂在肩部，腿在大腿根交叉处出现断裂点，在肢体交叉时可用同样的方法(见图 4-10)。

(2)击掌的表示：在击掌处画几条放射状的短线表示声音(见图 4-11)。

(a) (b)

图 4-10

图 4-11

(3)辅助线条及符号如表 4-2 所示。

表 4-2

符　号	含　　义
→	表示向箭头方向运动一次或一步
	表示向箭头方向摆动一次
	表示向箭头方向做两次来回摆动动作
	表示向箭头方向走或跑
↑	表示身体向上腾起
∧	表示跳出去再跳回来
	表示向箭头方向转体 180°
	表示关节弹动或振动

4.绘制顺序与步骤

(1)绘图的顺序。线条图会头、躯干、四肢几个部分。每个部分画的先后顺序根据具体动作而定。

1)直立状态:画直立状态的人一般按头、肩、躯干、下肢、上肢的顺序来画。

2)动作状态:先画支轮船形成的主要外部特征,然后再画躯干、四肢和头。健美操动作常采用先画腿(步伐)的倒序形式,因为操化动作的学习顺序是先步伐后手臂,所以根据动作姿势和人体重心位置确定两脚,两膝的标志点,连接画出腿和脚的线条,按照姿态的要求分别画出上体、上肢及头位,最后用整体观检查和调整各部分的线条。

(2)绘图的步骤:①确定地平线。②绘动作图。③动作路线和方向的注释。④标志拍。⑤手形、方位的注释。

5.绘图的基本要求

(1)熟悉动作的技术规格和要求。对照镜子看所画的动作形象,多观察其他同学的练习,还可参照照片及教材上的插图来熟悉动作。

(2)掌握绘图的基本理论和方法。正确掌握人体各部分的比例,了解人体的外形结构特征,运用透视变形规律画出具有立体感的动作图。

(3)坚持多画方可熟能生巧。多练习、多实践,才能使手、脑、眼协调配合,达到画得好、画得像。

第五章　健美操基本动作

第一节　健身健美操基本动作的概念和特点

一、健身健美操基本动作概念

健身健美操基本动作是指动作中最主要最稳定的部分，所有动作都以此为核心加以扩展。基本动作是掌握其他动作的基础。健身健美操基本动作包括基本姿态动作、基本难度动作、基础动作三大部分。

健身健美操中的基本姿态动作是指身体在静态和动态时的各部位姿势，它可以通过舞蹈的姿态进行训练；基本难度动作是指与竞技性健身健美操中规定的难度动作相应的具有一定难度的动作；基础动作是根据人体结构活动特点而确立的具有代表性的动作，共分为7个部位的动作，即头颈部位动作，肩、胸、腰、腿部动作以及上、下肢动作。

二、健身健美操基本动作特点

1. 基本动作是健身健美操中最典型、最核心的部分

健身健美操中所有动作的变化和创新都是在基本动作的基础上产生和发展的。身体某个部位的基本动作即具有该部位的共性特征，其最具代表性和典型性。例如，健身健美操中髋的动作为：提胯、顶胯、绕胯、三角胯、圆胯几种，掌握了这些练习，配合身体其他部位动作，可以做出千姿百态的胯部动作。

2. 基本动作是发展健身健美操难度和组成复合动作的基础

在初学健身健美操时，首先应掌握身体各部位的基本动作。只有掌握了这些部位的基本动作，才能抓住健身健美操的特点，加速发展动作难度，更好地掌握组合练习。

3. 基本动作是健身健美操动作中最重要而且是最稳定的部分

健身健美操突出的特点之一，就是全面地影响身体，使练习者更加健美。例如，踢腿的基本动作抓住正、侧、后三个面就能较全面地影响身体，在此基础上还能发展出各种各样的踢腿动作，而这些动作都离不开这三个基本面的踢腿，因而它是最重要、最稳定的。

正因为这些基本动作是健身健美操动作的核心、基础，所以正确、熟练地掌握这些基本动作不仅能在系统练习健身健美操之前，对身体各器官的机能产生适应性的训练影响，还可以为成套健身健美操动作的练习打下技术基础。同时，通过这些基本动作的练习还可以

抓住健身健美操动作的本质特点和规律，培养美感和在动作中学会表现姿态美、动作美、精神美。

三、健美操基本技术

健身健美操的基本技术主要有落地技术、弹动技术、半蹲技术和身体控制技术。所有这些技术要求都是从保证练习安全性的角度出发的。其中落地技术、弹动技术和半蹲技术实际上是紧密联系在一起的。

1. 落地技术

落地缓冲的主要目的是使身体尽可以地保持稳定，同时减少地面对关节、肌肉的冲击力，以避免造成运动损伤。

健身健美操的落地技术为：落地时，由脚跟过渡到全脚掌或由前脚掌过渡到全脚掌，然后迅速屈膝——屈髋缓冲。所有动作在瞬间依次完成，用以分解地面对人体的冲击力。同时躯干与手臂保持良好的姿态，肌肉用力以保持动作的稳定与控制。

在整堂课中每一个动作都要有一个“全脚掌”落地过程的要求，这可以使练习者小腿肌肉得到放松，避免小腿始终紧张，从而减少了由于小腿局部负担过重而引起的胫骨或腓骨骨膜炎以及肌肉过度疲劳或拉伤的可能性。

2. 弹动技术

健美操的弹动技术是健美操最重要的基本技术之一，是体现健美操的最基本特征，也是用以区别其他运动项目的重要因素之一。

健美操的弹动主要依靠踝关系、膝关节、髋关节的屈伸缓冲而产生。它的主要作用是减少运动对关节的冲击力，从而减少运动对人体造成的损伤。值得注意的是，在屈伸的过程之中，腿部的肌肉要协调用力才能有效地防止损伤与产生流畅的弹动动作。在练习弹动动作时，我们可以先从练习踝关节的屈伸动作开始。练习方法为：双腿并拢伸直，身体正直，提踵，落地。在充分掌握了踝关节的屈伸之后，是膝与髋关节的弹动练习。练习方法为：双腿原地并拢伸直，身体正直，屈膝半蹲，膝关节不要超出脚尖的位置，同时髋关节稍屈。当这两部分的动作已经熟练，我们可以把两部分连起来，使之形成完整的弹动动作。在踝关节的弹动过程中最主要的肌群为小腿的后部肌群，而膝关节、髋关节的运动主要由大腿肌群、臀部肌群、腹部肌群和腰部肌群参加运动。

在做弹动练习的时候，参与运动的肌群在整个运动过程之中要有控制，使动作变得流畅。

3. 半蹲技术

在健美操练习的过程中，每一个动作都需要半蹲的出现，因为无论是落地和缓冲技术，还是弹动技术实际上都是和半蹲动作联系在一起的。一些常用的力量练习动作，如分腿半蹲、弓步等，也和半蹲动作有很大的关系。因此，半蹲技术的掌握对健美操练习的完成质量具有重大影响。

半蹲时，身体重心下降，臀部向后下45°方向用力，膝关节不应超过脚尖，腰腹、臀部和大腿肌肉收缩，上体保持正直，重心在两腿之间，起落要有控制。分腿半蹲时，脚尖自然外开，应特别注意膝关节弯曲的方向要与脚尖的方向一致，保持自然关节的正确位置，避免脚尖或膝关节内扣或过度外开，以及膝关节角度小于90°的深蹲。

在有氧操练习中，分腿半蹲一般采取宽蹲的姿势，即两腿开度大于肩。而持有轻器械操练习中，尤其是在负重的情况下，一般都采用窄蹲的姿势，即两腿开度同肩宽。这一差别主要是因为宽蹲有助于加大动作幅度，有效地提高运动负荷和无负重状态下的练习效果，同时动作也更好看、更流畅；而窄蹲则更有利于负重，提高在负重状态下的练习效果，同时避免运动损伤。但无论是宽蹲还是窄蹲，都应遵循同样的技术要求。

4. 身体控制技术

健美操的身体姿态是根据练习的安全性和现代人体与行为美的标准而建立的。首先在整个非特殊条件下的运动过程中，身体应该保持自然挺拔，头部稍稍昂起的姿态，颈椎、胸椎、腰椎处于正常生理曲线的位置，并始终保持腰腹和背部肌肉收缩，避免因腰腹部位的摆动和无控制引起的腰部损伤。四肢的位置根据具体的动作要求和练习者的个体情况而定，但无论肢体的位置如何变化都应有所控制，避免“过伸”，因为无控制的“过伸”是造成运动损伤的重要原因。总之，健美操练习过程中的身体姿态取决于肌肉用力的感觉和程度，总的动作感觉应是有控制但不僵硬、松弛而不松懈。

第二节　健美操基本动作

健美操基本动作主要由下肢动作、上肢动作和躯干动作所组成。通过基本动作的学习，能够使练习者掌握健美操基础技术。其中，下肢动作包括基本步伐、下肢动作伸展。步伐可按冲击力分为三种：无冲击力动作、低冲击力动力动作和高冲击力动作。上肢动作包括：手臂和手型。躯干部分是基于一些常见的躯体肩及髋等动作。

一、基本动作

1. 基本步伐

根据动作完成形式的不同，将基本步伐分为五类（见表5-1）：

（1）交替类：两脚始终做依次交替落地的动作。

（2）迈步类：一条腿先迈出一步，重心移到这条腿上，另一腿用脚腿、脚尖点地或吸腿、屈腿、踢腿等，然后向另一个方向迈步的动作。

（3）点地类：一腿屈膝站立，另一腿伸出，用脚尖或脚跟点地后还原到并腿位置的动作。

（4）抬腿类：一腿站立，另一腿抬起的动作。

（5）双腿类：双腿站立、身体重心在两腿之间的动作。

在交替类和迈步类中均有其原始的动作形式，在教初级课时应从原始动作形式开始。

以下所介绍的动作均为最常用的基本动作，可以在此基础上发展，创造具有个人风格的独特动作。

表 5-1 有氧操常用基本动作体系

类别	原始动作形式	低冲击力形式	高冲击力形式	无冲击力形式
交替类	踏步 March	踏步 March 走步 walk 一字步 Easy walk V 字步 V step 漫步 Mambo	跑步 Jog	
迈步类	侧并步 Step touch	并步 Step touch 迈步点地 Step Tap(heel) 迈步吸腿 Step knee 迈步后屈腿 Step curl 侧交叉步 Grapevine	并步跳 Step jump 小马跳 Pony 迈步吸腿跳 Step knee 迈步后屈腿跳 Step curl 侧交叉步跳 Grapevine	
点地类	点地 Touch step	脚尖点地 Touch, Tap 脚跟点地 Heel		
抬起类	抬腿 Lift step	吸腿 Knee lift(up) 摆腿 Leg lift 踢腿 Kick	吸腿跳 Knee lift 摆腿跳 Leg lift 踢腿跳 Kick 弹踢腿跳 Flick 后屈腿跳 Leg curl	
双腿类			并腿跳 Jump 分腿跳 Squat Jump 开合跳 Jumping jack	半蹲 Squat 弓步 Lunge 提踵 Calf raise

(1)两脚交替类：

1)踏步(March,原始动作）如图 5-1 所示。

动作做法：两腿原地依次抬起，依次落地。

完成要领：在下落时，踝、膝、髋关节依次有弹性地缓冲。

动作变化：踏步分腿并腿(March out to in)——两腿依次向两侧迈步，成分腿半蹲，再依次还原成并腿。

2)走步(Walk)如图 5-2 所示。

图 5-1 踏步(March)

图 5-2 走步(Walk)

动作做法:迈步向前走四步或向后退四步,然后反之。向前走时,脚跟先落地,过渡到全脚掌;向后走时则相反。

动作要领:在落地时,膝、踝关节有弹性地缓冲。

动作变化:三步点地(Walk tap)——向前走三步,第四拍点地。

三步吸腿(Walk knee)——向前走三步,第四拍吸腿。

3)一字步(Easy walk)如图 5-3 所示。

动作做法:一脚向前一步,另一脚并于前脚,然后再依次还原。

动作要领:向前迈步时,先脚跟着地,过渡到全脚掌;前后均要有并腿过程;每一拍动作膝关节始终有弹性地缓冲。

动作变化:● V 字步(V step,见 V 字步动作)。

● 方步(Box step)——左脚向右脚前方迈一步,右脚向左脚左侧迈一步,左脚向右脚后方迈一步,右脚回到起始位,形成一个方形。

图 5-3 一字步(Easy walk)

4)V 字步(V step)如图 5-4 所示。

动作做法:一脚向前侧方迈一步,另一脚随之向另一方迈一步,成两脚开立,屈膝,然后再依次退回原位。

动作要领:两腿膝、踝关节始终保持弹动状态,分开后成分腿半蹲,重心在两腿之间。

动作变化:X 步—向前完成一个 V 字步,再向后完成一个 V 字步,形成 X 形。

图 5-4 V 字步(V step)

5)漫步(Mambo)如图 5-5 所示。

动作做法:一脚向前迈出,屈膝,重心随之前移,另一脚稍抬起,然后原地落下;或者向后撤一步,重心后移,另一脚稍抬起,然后原地落下。

动作要领:两脚始终保持交替落地,身体重心随动作前后移动,但始终在两脚之间。

动作变化:漫步转体 360°(Pivot turn)。

图 5-5 漫步(Mambo)

6)跑步 (Jog) 如图 5-6 所示。

动作做法:两腿经过腾空,依次落地缓冲,两臂屈肘摆臂。

完成要领:落地屈膝缓冲,脚跟尽量落地。

动作变化:●高抬脚跑——膝盖尽量抬高。

●后踢腿跑——小腿尽量后屈,脚跟到臀部。

●双跳跑——每只脚落地跳两次,交替进行。

图 5-6 并步(Jog)

图 5-7 并步(Step touch)

(2)迈步类:

1)并步(Step touch,侧并步为原始动作)如图 5-7 所示。

动作做法:一脚迈出,另一脚随之并拢屈膝点地;再向反方向迈步。

完成要领:两膝始终保持弹动,动作幅度和力度可随风格而定。

动作变化:●两次并步(Two touch)——向一侧做两个并步,再向反方向迈步。

●侧交叉步(Grapevine,见侧交叉步动作)。

2)迈步点地(Step tap)如图 5-8 所示。

动作做法:一脚向侧迈一步,两腿经屈膝移重心,另一腿再前、侧或后用脚尖或脚跟点地。

完成要领:两膝同时有弹性地屈伸,重心移动轨迹呈弧形;上体不要扭转。

图 5-8 迈步点地(Step tap)

3)迈步吸腿(Step knee)如图 5-9 所示。

动作做法:一脚迈出一步,另一腿屈膝抬起,然后向反方向迈步。

完成要领:经过屈膝半蹲,抬膝时支撑腿稍屈膝。

动作变化:重复吸腿(2 or 4 knee repeater)——一脚迈出一步,另一腿重复屈膝抬起两次到四次,最多不超过八次。

图 5-9 迈步吸腿(Step knee)

4)迈步后屈腿(Step curl)如图 5-10 所示。

动作做法:一脚迈出一步,另一腿后屈,然后向反方向迈步。

完成要领:经过屈膝半蹲,支撑腿稍屈膝,后屈腿的脚跟靠近臀部。

图 5-10 迈步后屈腿(Step curl)

5)侧交叉步(Grapevine)如图 5-11 所示。

动作做法:一脚向侧迈一步,另一脚在其后交叉,随之再向侧迈一步,另一脚并拢,屈膝点地。

完成要领:第一步脚跟先落地,身体重心快速随着脚步而移动,保持膝、踝关节的弹动。

动作变化:●交叉步屈腿(Grapevine curl)——侧交叉步的第四步做向后屈腿。

●交叉步吸腿(Grapevine knee)——侧交叉步的第四步做向上吸腿。

图 5-11 侧交叉步(Grapevine)

(3)点地类:

1)脚尖点地(Touch, Tap)如图 5-12 所示。

动作做法:一腿稍屈膝站立,另一腿伸出,脚尖点地,然后还原到并腿姿势。

完成要领:支撑腿始终保持屈膝站立,并且随动作有弹性的屈伸。

动作变化:●侧点地左右移重心(Tap side to side)——一腿稍屈膝站立,另一腿向侧伸出,先脚尖着地,随即脚跟迅速向下弹压,同时重心侧移,然后还原。

●点地吸腿(Tap knee tap toegther)——一腿稍屈膝站立,另一腿向侧伸出点地、吸腿、再点地、还原。

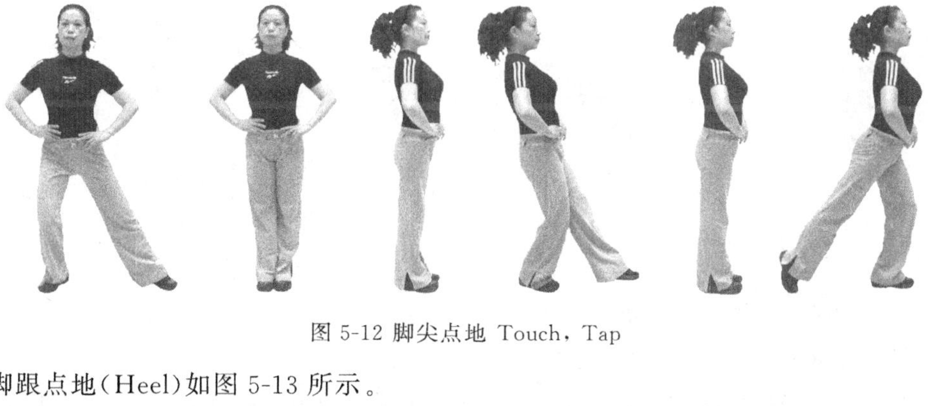

图 5-12 脚尖点地 Touch, Tap

2)脚跟点地(Heel)如图 5-13 所示。

动作做法:一腿稍屈膝站立,另一腿伸出,脚跟点地,然后还原到并腿姿势。只可做向前和向侧的脚跟点地。

完成要领:支撑腿始终保持屈膝站立,并且随动作有弹性的屈伸。

图 5-13 脚跟点地(Heel)

(4)抬腿类:

1)吸腿(Knee lift/knee up)如图 5-14 所示。

动作做法:一腿屈膝抬起,落下还原。

完成要领:支撑腿保持屈膝弹动,大腿上抬超过水平;上体保持正直。

图 5-14 吸腿(Knee lift/knee up)

2)摆腿(Leg lift)如图 5-15 所示。

3)踢腿(Kick)如图 5-16 所示。

动作做法:一腿稍屈膝站立,另一腿抬起,然后还原。

完成要领:抬起腿不需很高,但要有控制;保持上体正直。

图 5-15 摆腿(Leg lift)

图 5-16(踢腿 Kick)

4)弹踢腿/跳(Flick) 如图 5-17 所示。

动作做法:一腿站立(跳起),另一腿先向后屈,然后向前下方弹踢,还原。通常以高冲击力的形式出现。

完成要领:腿弹出时要有控制,保持上体正直。

5)后屈腿/跳(Leg curl)如图 5-18 所示。

动作做法：一腿站立(跳起)，另一腿向后屈膝，放下腿还原。通常以高冲击力的形式出现。

完成要领：支撑腿保持弹性，两膝并拢，脚跟靠近臀部。

图 5-17 后踢腿/跳(Flick)

图 5-18 后踢腿/跳(Leg curl)

(5)双腿类：

1)并脚跳(Jump)如图 5-19 所示。

动作做法：两腿并拢跳起。

完成要领：落地缓冲有控制。

2)分腿跳(Squat Jump)如图 5-20 所示。

图 5-19　并腿跳(Jump)

图 5-20　分腿跳(Squat Jump)

动作做法：分腿站立屈膝半蹲，向上跳起，分腿落地屈膝缓冲。

完成要领：屈膝半蹲时，大、小腿夹角不要小于 90°，空中注意身体的控制。

3)开合跳(Jumping jack)如图 5-21 所示。

图 5-21 开合跳(Jumping jack)

动作做法：由并腿跳起，分腿落地；然后，再由分腿跳起，并腿落地。

完成要领：分腿屈膝蹲时，两脚自然外开，膝关节沿脚尖方向屈，膝关节夹角不小于 90°，脚跟落地。

动作变化:半个开合跳(Half jack)——一脚向侧跳,落地时屈膝,同时另一腿直膝、勾脚尖留在原地;然后跳回原地。

4)半蹲(Squat)如图 5-22 所示。

动作做法:两腿有控制的屈和伸。可分为并腿半蹲和分腿半蹲。

完成要领:分腿半蹲时,两腿左右分开稍大于肩(或与肩同宽),脚尖稍外开,屈膝时关节角度不得小于 90°,膝关节对准脚尖方向,臀部向后 45°方向下蹲,上体保持直立。

图 5-22 半蹲(Squat)

5)弓步(Lunge)如图 5-23 所示。

动作做法:两腿前后分开,两脚平行站立;蹲下、起来。

完成要领:半蹲时后腿膝关节向下,大腿垂直于地面;重心始终在两脚之间。

动作变化:侧弓步(Lunge side)——一腿稍屈膝站立,另一腿向侧伸出,先脚尖着地,随即脚跟迅速向下弹压,同时重心侧移,然后还原。

6)提踵(Calf raise)如图 5-24 所示。

动作做法:两腿脚跟抬起,落下脚跟稍屈膝。

完成要领:两腿夹紧,重心上提时,收紧腹部;落下时屈膝缓冲。

图 5-23 弓步(Lunge)

图 5-24 提踵(Calf raise)

2.基本手型

基本手型加上上肢动作,既能使动作变化多样,又能改变动作的强度和难度,提高观赏价值。

在有氧健身时,并不十分强调手型,主要把注意力放在大肌肉群上。当表演或竞技健美操练习时,对手的要求较高,这里我们列举了健美操常用的手型以供参考。

(1)并掌:五指并拢伸直,指关节不能屈曲,如图 5-25 所示。

(2)开掌:五指用力分开伸直,如图 5-26 所示。

(3)花掌:又叫西班牙手型。分掌的基础上,从小指依次内旋,形成一个扇面,如图 5-27 所示。

图 5-25 并掌

图 5-26 开掌

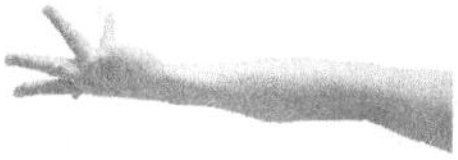
图 5-27 花掌

(4)立掌：手掌用力上屈，五指指关节自然弯曲，如图 5-28 所示。

(5)一指剑：拇指与中指、无名指、小指相叠，食指伸直，如图 5-29 所示。

(6)二剑指：拇指与无名指、小指相叠，中指与食指并拢伸直，如图 5-30 所示。

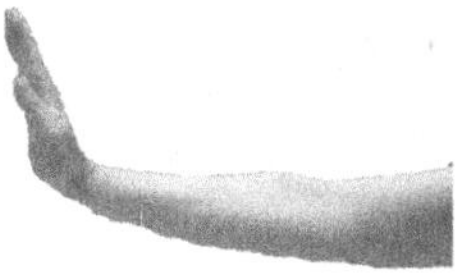
图 5-28 立掌

图 5-29 一指剑

图 5-30 二指剑

(7)响指：无名指、小指屈，拇指与中指用力摩擦打响，如图 5-31 所示。

(8)舞蹈手型：引用拉丁、西班牙、芭蕾等手型，如图 5-32 所示。

(9)拳：四长指握拳，拇指第一关节扣在食指与中指的第二关节处，如图 5-33 所示。

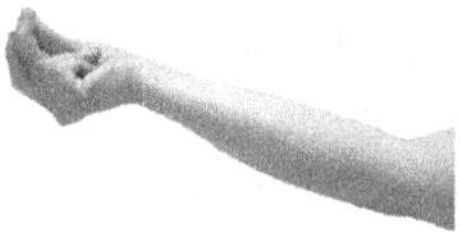
图 5-31 响指

图 5-32 舞蹈手型

图 5-33 拳

3. 上肢动作

(1)举(Rise)：臂伸直向某方向抬起。

(2)屈臂(Bicep curl)：前臂与上臂角度不断减小。

(3)伸臂(Tricep extention/kickback)：前臂与上臂角度不断增大。

(4)屈臂摆动(Low row)：屈肘在体侧自然地摆动。可依次和同时进行。

(5)上提(Upright row)：直臂或屈臂由下至上提抬起。如屈臂前提、直臂侧提。

(6)下拉(Putdown)：臂由上举或侧上举拉至身体两侧。

(7)胸前推(Chest press)：立掌，臂由肩部向前推。

(8)冲拳(Punch)：屈臂握拳，由腰间猛力向前冲拳。

(9)肩上推(Shoulder press)：立掌，屈臂由肩部向上推。

(10)摆动(Swing)：以肩关节为轴，手臂在 180°以内的运动称之为摆动。

(11)绕和绕环(Scoop Circle)：以肩关节为轴，手臂在 180°至 360°之间的运动为绕；大于 360°以上的圆周运动为绕环。

(12)交叉(Cross)：两臂重叠成 X 形。

在进行上述上肢动作练习时，应注意肌肉的用力阶段，使动作富有弹性，避免上肢动作过分僵硬。

4. 躯干动作

在健美操练习中，躯干部位通常起到稳定身体的作用，因此肌肉力量的平衡尤为重要。发展躯干肌肉的方法有很多，可徒手、使用轻器械或固定器械。下面只介绍发展躯干肌肉的基本动作和方法。

(1)头颈部：

1)屈：头颈关节角度的弯曲，包括前屈、后屈、左屈、右屈。

2)转：头颈部绕身体垂直轴的转动，包括左转、右转。

3)绕：头以颈部为轴心的弧形运动，包括左绕、右绕。

(2)胸部：

1)含展胸：直臂或屈臂做内收动作，通常与臂的外展结合进行。

2)左右移胸：两臂侧平举，胸部左右水平移动。

(3)肩部：

1)提肩：肩胛骨做向上的运动。

2)沉肩：肩胛骨做向下的运动。

3)绕肩：以肩关节为轴做小于360°的运动。

4)肩绕环：以肩关节为轴做360°的圆形动作。

(4)背部：背部肌肉主要有背阔肌、斜方肌、菱形肌和大圆、小圆肌，当其收缩时，可使肩关节外展、下沉，使臂伸和在垂直方向内收。

1)外展：屈臂或直臂做外展动作，通常与臂的内收结合进行。

2)上举下拉：两臂由侧上举下拉至髋侧。

(5)腰腹部位：

1)腰屈：髋部不动，上体前屈或后屈。

2)屈髋：上肢不动，髋向前或侧屈。

3)转腰：下肢不动，上体沿垂直轴的扭转。

二、竞技性健美操基本步法

竞技性健美操比赛套路始终保持了传统有氧操的特点，规则规定成套动作必须包括七种健美操步伐，但动作规格上稍有别于健身健美操，对关节和四肢的位置要求更高，在完成上强调准确的控制，协调、灵活、流畅的动作变化。下面介绍七种健美操的步法。

1. 踏步

腿屈于体前，髋与膝保持弹动；膝、踝关节放松，落地时脚尖圆滑的过渡到脚跟；上体表现出腰腹的控制力量保持自然的直立；整个过程感觉向上不下坠。

变化：包括角度、高度与方向的变化。如V字步、转体步等。

2. 后踢腿跑

上体保持正直，单腿屈膝向后。摆动腿的小腿最大幅度的向臀部屈曲；髋和膝在一条线上，脚面绷直表现出控制，落地缓冲时脚尖滚动至脚跟着地。

变化：包括各种角度和方向的动作变形。

3. 吸腿跳

上体保持正直吸腿，摆动腿髋与膝最大程度的弯曲，关节角度不小于90°，达到最高点时小腿垂直地面，脚尖绷直。

变化：包括各个空间、角度、高或低强度的动作变形。

4. 踢腿跳

屈膝做直腿高踢的动作，踢起腿在髋部前或侧运动，踢起腿的高度不低于肩，支撑腿伸直，动作过程中上体自然直立，脚面绷直。

变化：包括各个平面、高度、高或低强度与方向的动作变形。如中踢、高踢和垂直踢。

5. 开合跳

两腿跳起落地成开立，两脚分开的距离大于肩宽，两腿尖向外分开，膝关节在脚尖方向上弯曲。并腿时，足跟并拢，脚尖向前或外开。整个过程上体保持自然直立，起跳动作控制有力，脚尖过渡至脚跟缓冲。

变化：包括各个角度的髋膝关节的高或低强度的动作变形。

6. 弓步跳

脚部由并拢或分开开始，跳起落地，一腿向后蹬直，一腿弯曲，前后成一直线，低强度动作时，身体微前倾前腿负重，颈与足跟成一直线；高强度时双腿前后交替跳起，重心在两脚之间。

变化：包括各个空间、角度、高或低强度的动作变形。

7. 弹踢腿

起始动作为髋部伸展的后踢腿跑，小腿后屈向前下方踢腿。摆动腿表现出制动动作，整个过程表现出很好的控制。

变化：包括各个空间、角度、方向、高或低强度的动作变形。

关于竞技健美操的操化动作及难度动作在规则中也有详细的描述。具体参看竞技健美操竞赛规则。

第三节　提高全面身体素质成套动作

一、提高协调性素质练习组合

1. 组合成套动作

组合一(四个八拍)×2

动作说明：

(1)第一个八拍(见图5-34)：

下肢：1-2拍右脚向前漫步；3-4拍右脚恰恰步；5-6拍同1-2拍动作方向相反；7-8拍同3-4拍动作，方向相反。

躯干与手臂：两臂屈肘前后自然摆动。

面向：1-8拍面向1点。

图 5-34

(2)第二个八拍(见图 5-35)：

下肢：1-4 拍右脚向左侧前、后交叉步走，5-8 拍以左脚为主力腿右脚前后交叉步小跳。

躯干与手臂：1-4 拍两臂侧平举同时扭腰前、后摆动，5-8 拍两臂胸前屈肘左右摆动躯干。

面向：1-8 拍面向 7 点。

图 5-35

(3)第三个八拍(见图 5-36)：

下肢：1-2 拍右脚向侧漫步，3-4 拍右脚恰恰步，5-6 拍同 1-2 拍动作但方向相反，7-8 拍同 3-4 拍动作担方向相反。

躯干与手臂：1-2 拍左手叉腰，右手从后经侧至前落至腰间；3-4 拍两臂前后自然摆动；5-8 拍同 1-4 拍动作但方向相反。

面向：1-2 拍面向 3 点，3-4 拍面向 1 点。

图 5-36

(4)第四个八拍(见图 5-37)：

下肢：1-8 拍两脚分腿站立同肩宽。

躯干与手臂：1-8 拍两臂屈肘至肩上同时向前振胸 8 次。

面向：1-8 拍面向 1 点。

图 5-37

(5)第五至第八个八拍：动作与第一至四个八拍动作相同，但方向相反。

组合二(四个八拍)×2

动作说明：

(1)第一个八拍(见图 5-38)：

下肢：1-2 拍右脚向前追步走；3-4 拍同 1-2 拍动作，但方向相反；5-6 拍同 1-2 拍；7-8 拍同 3-4 拍。

躯干与手臂：1-2 拍左手胸前屈肘，右手后上举；3-4 拍同 1-2 拍动作，但方向相反；5-6 拍同 1-2 拍动作；7-8 拍同 3-4 拍动作。

面向：1-8 拍面向 1 点。

图 5-38

(2)第二个八拍(见图 5-39)：

下肢：1-8 拍两脚分腿站立同肩宽同时向右、左顶髋 8 次。

手臂与躯干：1-8 拍两臂依次左手推至上举，右手肩侧屈肘。

面向：1-8 拍面向 1 点。

图 5-39

(3)第三个八拍(见图 5-40):

下肢:1-2 拍右脚向右后斜 45°并步跳,3-4 拍左脚向左后斜 45°并步跳,5-6 拍同 1-2 拍动作,7-8 拍同 3-4 拍动作。

手臂与躯干:1-2 拍两臂同时向右后斜 45°后屈肘摆动;3-4 拍两臂同时向左后斜 45°摆动;5-6 拍动作同 1-2 拍动作;7-8 拍动作同 3-4 拍动作。

面向:1-2 拍面向 4 点;3-4 拍面向 6 点;5-6 拍同 1-2 拍;7-8 拍同 3-4 拍。

图 5-40

(4)第四个八拍(见图 5-41):

下肢:1-2 拍以左脚为轴转 90°右脚侧点地;3-4 拍动作同 1-2 拍;5-4 拍同 1-4 拍动作,但每 2 拍转 90°。

手臂与躯干:1-8 拍左手上举,右手侧平举同时转动手腕,每转 90°髋部同时绕环一周。

面向:1-8 拍面向从 1 点—7 点—5 点—3 点。

图 5-41

(5)第五至第八个八拍:动作与第一至四个八拍动作相同,但方向相反。

组合三(四个八拍)×2

动作说明:

(1)第一个八拍(见图 5-42):

下肢:1-8 拍右脚向右斜前方小漫步 4 次。

手臂与躯干:1-8 拍两手由胸前向两侧打开同时躯干向前做波浪 4 次。

面向:1-8 拍面向 2 点。

图 5-42

(2)第二个八拍(见图 5-43):

下肢:1-2 拍右脚向右迈半步,同时左脚并右脚向右侧顶髋;3-4 拍左脚向左迈半步,同时右脚并左脚向左侧顶髋;5-8 拍同 1-2 拍;7-8 拍同 3-4 拍。

手臂与躯干:1-2 右手由下向侧上摆动,左臂侧下伸;3-4 拍 1-2 拍,方向相反;5-8 拍 1-4 拍动作。

面向:1-2 拍面向 1 点,3-4 拍面向 1 点,5-8 同 1-4 拍动作。

图 5-43

(3)第三个八拍(见图 5-44):

下肢:1-2 右脚并左脚;3-4 拍右脚向前上步点地,同时右髋前顶;5-8 拍同 1-4 拍动作,但方向相反。

手臂与躯干:1-2 拍两臂屈肘至腹前,同时含胸;3-4 拍右臂侧平举左手前平举,同时挺胸;5-8 拍同 1-4 拍动作,但方向相反。

面向:1-8 拍面向 1 点。

图 5-44

(4)第四个八拍(见图 5-45):

下肢：1-2 拍以左脚为重心，右脚右转 90°，同时髋部顺时绕环一周；3-4 拍同 1-2 拍动作；5-8 拍动作同 1-4 拍共转 4 次，原地转一圈。

手臂与躯干：1-2 拍两臂上举绕圈，同时躯干绕环一周；3-4 拍同 1-2 拍动作；5-8 拍同 1-4 拍动作。

面向：1-8 拍面向 8 点。

图 5-45

(5)第五至第八个八拍：动作与第一至第四个八拍动作相同但方向相反。

组合四(四个八拍)

动作说明：

(1)第一个八拍(见图 5-46)：

下肢：1-2 拍右脚前漫步；3-4 拍右并步跳同时向左转 90°；5-6 拍左脚前漫步；7-8 拍左脚并步跳同时逆时针转 90°。

手臂与躯干：1-2 手臂前后自然摆动，3-4 拍两臂向右后方摆动屈肘，5-8 拍同 1-4 拍动作。

面向：1-2 拍面向 1 点，3-4 面向 7 点。

图 5-46

(2)第二个八拍：同第一个八拍动作。

面向：1-2 拍面向 7 点，3-4 拍面向 5 点，5-6 拍面向 3 点，7-8 拍面向 1 点。

(3)第三个八拍(见图 5-47)：

下肢：1-2 右脚斜前方迈步左脚并右脚，同时顶右髋；3-4 拍同 1-2 拍动作；5-8 拍同 1-4 拍动作，但方向相反。

手臂与躯干：1-2 拍右手叉腰左手后上举；3-4 拍同 1-2 拍动作；5-8 拍同 1-4 拍动作，但方向相反。

面向：1-4 拍面向 2 点，5-8 拍面向 8 点。

图 5-47

(4)第四个八拍(见图 5-48)：

下肢：1-4 拍向后退步走四步；5-8 拍原地左右踏步，同时左右摆髋。

手臂与躯干：1-4 拍两臂由上向下滑落至体侧；5-8 拍两臂经两侧至上举，再经侧落至体侧结束。

面向：1-8 拍面向 1 点。

图 5-48

2. 练习的目的与方法

协调性是指人体各器官系统的机能在体育活动中表现出来的能力。本套协调性的动作组合，包括各种步伐、拉丁舞步、腰髋和胸的摆动、绕环振动等，能够全面发展身体素质和基本活动能力，是高机体工作能力和专项综合能力的训练手段。

身体协调能力训练是运动能力最主要的组成部分之一，其目的就是为了提高运动能力，对掌握运动技术和加强专业训练都具有重要的意义。

练习方法：

(1)学习动作时先分解，练好单个基本动作。

(2)注意动作风格，如拉丁风格、爵士风格、健美操风格尽量表现准确。

(3)该套动作节奏变化多样，尤其是一拍两动的动作要完成得准确、协调。

(4)可选择拉丁音乐或舞蹈风格的音乐。

二、提高灵敏素质练习组合

1. 组合成套动作

组合一(四个八拍)×2

动作说明：

(1)第一个八拍(见图 5-49)：

下肢：1-2 拍右脚向右侧并步，同时半蹲；3-4 拍左脚左侧并步，同时半蹲；5-8 拍向前向后一字步。

躯干与手臂：1-2 拍右手从下经右至上打开至侧平举，同时左手经头上右侧击掌；3-4 左手经下打开至两臂侧平举；5-8 拍左右手依次上举握拳经胸前屈肘落下至腹前。

面向：1-8 拍面向 1 点。

图 5-49

(2)第二个八拍(见图 5-50)：

下肢：1-6 拍右脚斜前，斜后方漫步；7-8 拍右脚向左脚前落下同时转体 360°。

躯干与手臂：1-6 拍手臂屈肘前后自然摆动；7-8 拍右手上举，左手至于体侧。

面向：1-6 拍面向 1 点，7-8 拍转体 360°。

图 5-50

(3)第三个八拍(见图 5-51)：

下肢：1-4 拍右脚前 V 字，5-8 拍右脚后 V 字。

躯干与手臂：1-4 拍右手、左手依次上举两手胸前击掌，5-8 拍右左手依次后举，同时抖肩两次。

面向：1-8 拍面向 1 点。

图 5-51

(4)第四个八拍(见图 5-52):

下肢:1-3 拍右脚向右并步走两次,4 拍双脚跳,5-7 拍左脚向左并步走两次,8 拍双脚跳。

躯干与手臂:1-3 拍两臂左上举,同时动手腕,4 拍两手胸前击掌,5-7 拍两臂右上举同时动手腕,8 拍两手胸前击掌。

面向:1-4 拍面向 3 点,5-8 拍面向 7 点。

图 5-52

(5)第五至第八个八拍:动作与第一至第四个八拍动作相同,但方向相反。

组合二(四个八拍)×2

动作说明:

(1)第一个八拍(见图 5-53):

下肢:1-2 拍右脚右斜方迈步,同时左脚后屈腿;3-4 拍同 1-2 拍动作,但方向相反;5-8 拍右脚右斜方迈步,同时左脚后屈腿踢腿两次。

手臂与躯干:1-2 拍两臂斜上方伸屈臂;3-4 拍同 1-2 拍动作,但方向相反;5-8 拍两臂斜上方连续屈伸臂两次。

面向:1-2 拍面向 2 点,3-4 拍面向 8 点,5-8 拍面向 2 点。

图 5-53

(2)第二个八拍动作同 1-8 拍动作，但方向相反。

(3)第三个八拍(见图 5-54)：

下肢：1-4 拍右脚十字步，5-8 拍右并步，左并步。

手臂与躯干：1-4 拍左、右手依次肩上屈伸臂，5-8 拍两臂屈肘至胸前上下屈伸两次。

面向：1-4 拍面向 1 点，5-8 拍面向 1 点。

图 5-54

(4)第四个八拍(见图 5-55)：

下肢：1-4 拍右脚向右侧交叉走步，5-6 拍左脚向左迈出一大步，同时半蹲，7-8 拍左脚并右脚。

手臂与躯干：1-4 拍两臂前平举屈伸，5-6 拍两手扶大腿，7-8 拍两臂胸前屈肘击掌两次。

面向：1-8 拍面向 1 点。

图 5-55

(5)第五至第八个八拍：动作与第一至第四个八拍动作相同，但方向相反。

组合三(四个八拍)×2

动作说明：

(1)第一个八拍(见图 5-56)：

下肢：1-3 拍右脚向右侧走三步；4 拍向左转体 90°同时左脚左点地；5-7 拍同 1-3 拍动作，但方向相反；8 拍同 4 拍动作，但方向相反。

手臂与躯干：1-3 拍手臂自然摆动；4 拍两手胸前击掌；5-8 拍同 1-4 拍动作，但方向相反。

面向：1-3 拍 3 点，4 拍面向 7 点，5-7 拍同 1-3 拍，8 拍同 4 拍，面向反方向。

图 5-56

(2)第二个八拍(见图 5-57)：

下肢：1-3 拍右脚向右侧走三步；4 拍向左转体 90°，同时左侧点地；5-8 拍左脚成左弓步。

手臂与躯干：1-3 拍手臂自然摆动，4 拍两臂胸前屈肘，5-8 拍两臂向后振胸四次。

面向：1-3 拍面向 3 点，4 拍面向 7 点。

图 5-57

(3)第三个八拍(见图 5-58)：

下肢：1-3 拍右脚向前走三步，4 拍右脚向左跳转 180°，同时左腿高抬屈腿；5-8 拍同 1-4 拍方向相反。

手臂与躯干：1-3 拍手臂屈臂前后自然摆动，4 拍两手胸前击掌。

面前：1-3 拍面向 1 点，4 拍面向 5 点。

图 5-58

图 5-59

(4)第四个八拍(见图 5-59)：

下肢：1-2 拍右脚屈腿跳；3-4 拍同 1-2 拍动作但方向相反；5-8 拍两脚双足跳四次。

手臂与躯干：1-4 拍两臂腹前握拳屈伸两次，5-8 拍两手胸前击掌两次。

面向：1-8 拍面向 1 点。

(5)第五至第八个八拍动作与第一至第四个八拍动作相同，但方向相反。

组合四(四个八拍)×2

动作说明：

(1)第一个八拍(见图 5-60)：

下肢：1-2 拍右脚上步，同时左腿屈腿至腹前；3-4 拍左右，脚依次落地；5-8 拍动作，同 1-4 拍动作，但方向相反。

手臂与躯干：1-2 拍两臂前平举，同时向左侧摆；3-4 拍两臂前平举，同时落至腹前，5-8 拍动作同 1-4 拍，但方向相反。

面向：1-8 拍面向上 1 点。

图 5-60

(2)第二个八拍(见图 5-61)：

下肢：1-2 拍右脚上步，同时起跳，左吸腿；3-4 拍左、右脚依次落地；5-6 拍右脚半蹲同时左脚左侧点地；7-8 拍同 5-6 拍动作，但方向相反。

手臂与躯干：1-2 拍两举由下向上摆至上举；3-4 拍落至胸前；5-6 拍两臂向两侧打开至两臂侧平举；7-8 拍同 5-6 拍动作，但方向相反。

面向：1-8 拍面向 1 点。

图 5-61

(3)第三个八拍(见图 5-62)：

下肢：1-2 右脚上步，同时左脚半蹲至右脚；3-4 拍左脚后退步，同时右脚至左脚；5-8 拍同 1-4 拍动作，方向相反。

手臂与躯干：1 拍两臂上举；2 拍右臂侧平举，左手胸前屈肘；3 拍同 1 拍动作；4 拍两臂落于体侧；5-8 拍同 1-4 拍动作，方向相反。

面向：1-8 面向 1 点。

图 5-62

(4)第四个八拍(见图 5-63)：

下肢：1-2 拍右脚向前 V 字；3-4 拍向右转体 180°，同时击掌；5-6 拍同 1-2 拍动作；7-8 拍向右转体 180°，两臂落于体侧。

手臂与躯干：1-2 拍两臂依次上举；3-4 拍两手胸前击掌；5-6 同 1-2 拍；7-8 拍同 3-4 拍。

面向：1-2 拍面向 1 点，3-4 拍面向 5 点，5-6 拍面向 5 点，7-8 拍面向 1 点。

图 5-63

(5)第五至八个八拍动作与第一至第四个八拍动作相同，但方向相反。

2. 练习的目的与方法

这一套提高身体灵敏的练习，是通过各种类型的动作训练来加强运动能力的。动作编排有跑跳，方向变化，转体，操化动作的衔接，上、下肢协调配合等。在各种复杂动作的变化下，能迅速、准确、协调地改变身体运动能力的训练，既与神经的灵敏性反应有关，又与力量、速度、协调和准确性等素质有着密切的关系。

灵敏素质只有在运动技能掌握熟练后才能表现出来，因为运动技能掌握的数量越多，熟练程度越高，在运动活动中的动作就愈显灵敏。这是由于通过大量训练大脑皮层的灵活性和可塑性提高的结果，此时的运动技能可表现出随心所欲地迅速转换程度。

练习方法：

(1)首先完成套路中的基本练习，打好基础。

(2)该套路动作方向变化和转体动作较多，因此在练习时应特别注意动作的面和方向变化。

(3)多加强身体姿态的准确性及动作的幅度。

三、提高耐力素质练习组合

1. 组合成套动作

组合一(四个八拍)

动作说明:

(1)第一个八拍(见图5-64):

下肢:1-8拍原地后踢腿跑。

手臂与躯干:1-2拍两臂腹前屈伸肘;3-4拍两臂侧屈伸肘;5-6同1-2动作;7-8同3-4动作。

面向:1-8拍面向1点。

图5-64

(2)第二个八拍(见图5-65):

下肢:1-8拍原地后踢腿跑。

手臂与躯干:1-2拍右臂上举,左臂肩上屈肘;3-4拍同1-2拍的动作,但方向相反;5-8拍同1-4拍动作,屈伸臂一拍一动。

面向:1-8拍面向1点。

图5-65

(3)第三个八拍(见图5-66):

下肢:1-8拍原地后踢腿跑。

手臂与躯干:1-2拍右手侧平举,左手肩上屈肘;3-4拍同1-2拍动作,但方向相反;5-8拍同1-4拍动作,屈伸臂一拍一动。

面向:1-8拍面向1点。

图 5-66

(4)第四个八拍(见图 5-67):

下肢:1-8 拍原地后踢腿跑。

手臂与躯干:1-2 拍右手前平伸,左手胸前屈肘;3-4 拍同 1-2 拍动作,但方向相反;5-8 拍同 1-4 拍动作,屈伸臂一拍一动。

面向:1-8 拍面向 1 点。

图 5-67

组合二(四个八拍)

动作说明:

(1)第一个八拍(见图 5-68):

下肢:1-8 拍右脚、左脚依次踏跳步。

手臂与躯干:1-4 拍两手叉腰,5-8 拍两臂肩上屈伸臂四次。

面向:1-8 拍面向 3 点。

图 5-68

(2)第二个八拍:同第一个八拍动作,但方向相反。

面向:1-8 拍面向 7 点。

(3)第三个八拍(见图 5-69):

下肢：1-8 拍右脚阿拉贝斯跳。

手臂与躯干：1-4 拍两手叉腰；5-8 拍右手侧平举、握拳、屈伸小臂四次。

面向：1-8 拍面向 3 点。

图 5-69

(4)第四个八拍：动作同第三个八拍，但方向相反。

面向：1-8 拍面向 7 点。

组合三(四个八拍)

动作说明：

(1)第一个八拍：

下肢：1-4 拍右脚向前走四步；5-8 拍原地双脚并腿跳四次，同时顺时针转 90°。

手臂与躯干：1-4 拍两臂向后自然摆动，5-8 拍两臂胸前击掌四次。

(2)第二、第三、第四个八拍动作同第一个八拍动作，但面向按顺时针每一个八拍转 90°，面向 3 点、5 点、7 点回到 1 点。

组合四(四个八拍)

动作说明：

(1)第一个八拍(见图 5-70)：

下肢：1-2 拍右脚原地吸腿跳，3-4 拍同 1-2 拍动作，5-6 拍左脚原地吸腿跳，7-8 拍同 5-6 拍动作。

手臂与躯干：1-8 拍两手叉腰。

面向：1-8 拍面向 1 点。

图 5-70

(2)第二个八拍(见图 5-71)：

下肢：1-2 拍右腿高抬膝原地跳，3-4 拍右腿前踢腿跳，5-6 拍同 1-2 拍动作，7-8 拍同 3-4 拍动作，但方向相反。

手臂与躯干：1-2 两臂胸前屈肘，3-4 拍两臂侧平举，5-8 拍动作同 1-4 拍动作。

面向:1-8 拍面向 1 点。

图 5-71

(3)第三个八拍(见图 5-72):

下肢:1-2 拍右腿右侧吸腿跳,3-4 拍同 1-2 拍动作,5-8 拍同 1-4 拍动作,但方向相反。

手臂与躯干:1-8 拍两手叉腰。

面向:1-8 拍面向 1 点。

图 5-72

(4)第四个八拍(见图 5-73):

下肢:1-4 拍右侧吸腿跳;5-8 拍同 1-4 拍动作,但方向相反。

手臂与躯干:1-8 拍两臂上下摆动。

面向:1-8 拍面向 1 点。

图 5-73

组合五(四个八拍)

动作说明:

(1)第一个八拍(见图 5-74):

下肢:1-4 拍双脚分并腿跳;5-8 拍双脚分并腿跳,同时向左转 90°。

手臂与躯干:1-4 拍两手胸前交叉至上举;5-8 拍右手斜下举,左手斜上举。

面向:1-8 拍面向 1 点。

图 5-74

(2)第二个八拍动作:同第一个八拍动作,但方向相反。

(3)第三个八拍(图 5-75):

下肢:1-2 拍左右后屈腿跳;3-4 拍同 1-2 拍动作,但方向相反;5-8 拍同 1-4 拍动作。

手臂与躯干:1-8 拍两手叉腰。

图 5-75

(4)第四个八拍(见图 5-76):

下肢:1-3 拍右脚向右侧交叉步走;4 拍左脚后屈腿跳;5-8 拍同 1-4 拍动作,但方向相反。

手臂与躯干:1-4 拍两手肩上伸屈臂四次。

面向:1-8 拍面向 1 点。

图 5-76

组合六(四个八拍)

动作说明:

(1)第一个八拍(见图 5-77):

下肢:1-4 拍向前走四步,5-8 拍原地分并腿跳,同时顺时针转 90°。

手臂与躯干:1-4 拍前后自然摆动,5-8 拍两臂经胸前向上摆至上举。

图 5-77

(2)第二、三、四个八拍动作同第一个八拍动作。(见图 5-78)

面向:每一个八拍动作转 90°顺时针,面向 3,5,7,1 点。

图 5-78

组合七(四个八拍)

动作说明:

(1)第一个八拍(见图 5-79):

下肢:1-2 拍右腿向前弹踢腿跳;3-4 拍同 1-2 拍动作,但方向相反;5-8 拍同 1-4 拍动作。

手臂与躯干:1-4 拍两手叉腰;5-6 拍右手侧平举,左手前平举;7-8 拍反方向。

面向:1-8 拍面向 1 点。

图 5-79

(2)第二个八拍(见图 5-80):

下肢:1-2 拍右腿向侧弹踢腿跳;3-4 拍同 1-2 拍动作,但方向相反;5-8 拍同 1-4 拍动作。

手臂与躯干:1-4 拍两手叉腰;5-6 拍右手侧平举,左手前平举;7-8 拍反方向。

面向:1-8 拍面向 1 点。

图 5-80

(3)第三个八拍(见图 5-81):

下肢:1-2 拍右腿向后弹踢腿跳;3-4 拍同 1-2 拍动作,但方向相反;5-8 拍同 1-4 拍动作。

手臂与躯干:1-4 拍两手叉腰;5-8 拍两手向后屈伸。

面向:1-8 拍面向 1 点。

图 5-81

(4)第四个八拍(见图 5-82):

下肢:1-8 拍两脚并腿原地半蹲点跳,同时左右摆动髋。

手臂与躯干:1-8 拍两手腹前屈臂左右摆动。

面向:1-8 拍面向 1 点。

图 5-82

组合八(四个八拍)

动作说明:

(1)第一个八拍(见图 5-83):

下肢:1-3 拍右脚向前走三步;4 拍吸左腿原地跳;5-7 拍左脚向后走三步,8 拍吸右腿原地跳。

手臂与躯干:1-3 拍两臂握拳前后自然摆动,4 拍两手胸前击掌,5-8 拍同 1-4 拍动作。

面向:1-8 拍面向 1 点。

图 5-83

(2)第二个八拍(见图 5-84)：

下肢：1-3 拍右脚向右侧走三步；4 拍右脚单足跳，同时左腿踢腿向左转 90°；5-8 拍同 1-4 拍动作，但方向相反。

手臂与躯干：1-3 拍手臂前后自然摆动；4 拍右手屈向上伸臂；5-8 同 1-4 拍动作，但方向相反。

面向：1-4 拍面向 3 点，5-8 拍面向 7 点。

图 5-84

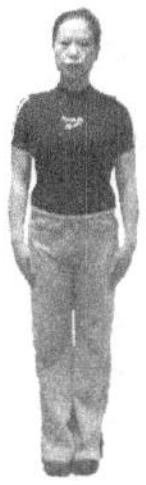

图 5-85

(3)第三个八拍：同第二个八拍动作。

(4)第四个八拍(见图 5-85)：

下肢：1-8 拍原地踏步立正结束。

手臂与躯干：1-8 拍两臂前后握拳自然摆动落于体侧结束。

面向：1-8 拍面向 1 点。

2. 练习的目的与方法

这一组耐力训练是通过健美操的各种跑跳动作来提高机体长时间抗疲劳的一种训练过程，而耐力素质正是人体克服工作过程中所产生疲劳的一种能力，耐力素质是人体重要素质之一，是人们用来评定个体体质、机能与健康水平的重要内容，也是衡量大学生身体机能与体质强弱的一个重要标志。

通过完成套路中的内容来提高有氧能力的训练过程，首先必须提高以下两个方面的能力，即最大耗氧量所需的时间和保持长期有氧工作的能力。通常在做成套动作时可采用间歇训练法和重复训练法来提高有氧能力。

练习方法：

(1)在间歇训练来提高有氧能力时，可将成套动作只完成 1-4 组合或 4-8 组合动作进行练习。即分段练习的持续时间不得超过 1～2 分钟。休息的持续时间在 45～90 秒之间。根据心率来确定工作的强度和休息的持续时间。工作结束时心率为 170～180 次/min,休息结束时为 120～130 次/min。间歇训练法主要是提高心脏的功能潜力,对提高有氧能力有着良好的作用。

(2)①开始可分组练习(1～4 组合或 5～8 组合),完成 2～3 组。

②成套动作 1～8 组合动作,完成 2～3 组。

(3)在采用重复训练提高有氧能力时,实际上是从有助于提高机体吸氧,输氧和利用氧等方面的能力来考虑的,重复训练时心率一般控制在 145～175 次/min 之间,对提高心脏功能尤为有效。重复训练时,工作强度要保证心搏量和吸氧量具有很高水平,尽可能接近最大值。在健美操课中专项有氧耐力素质的提高,取决于专项训练水平和能力因人而异。

(4)①根据重复训练法的原则可成套或分组进行重复练习时间 2′～4′～6′反复练习。

②健美操课的结束时段进行此练习。

③成套动作可分解或完整进行练习。

④完成动作时强调每个动作跑或跳要到位,身体配合协调、有力。

第六章　健美操教学示范套路

第一节　健美操大众锻炼标准套路三级

一、三级成套动作教学图解

组合一(4×8)×2

动作说明：

(1)1×8 拍：4 次侧并步 L 形，如图 6-1 所示。

1 拍　　2 拍　　3 拍　　4 拍

图 6-1

(2)2×8：拍向前/向后走三步吸腿，如图 6-2 所示。

(3)3×8：拍向前二次一字步，如图 6-3 所示。

1～3 拍　　4 拍　　5～7 拍　　8 拍

图 6-2

1 拍　　2 拍　　3 拍　　4 拍

图 6-3

(4)4×8 拍:1-4 拍向后一字步,5-8 拍迈步吸腿,如图 6-4 所示。

1 拍　2 拍　3 拍　4 拍　5 拍　6 拍　7 拍　8 拍

图 6-4

(5)5-8:拍动作同 1-4 拍动作但方向相反。

组合二(4×8)×2

动作说明:

(1)1×8 拍:4 次侧交叉步走“口”形(见图 6-5)。

1 拍　2 拍　3 拍　4 拍　5 拍　6 拍　7 拍　8 拍

图 6-5

(2)2×8 拍:动作同 1×8 拍动作。

(3)3×8 拍:向左斜前方 45°迈步连续两次吸腿(见图 6-6)。

1 拍　2 拍　3 拍　4 拍　5 拍　6 拍　7 拍　8 拍

图 6-6

(4)4×8 拍:1-6 拍 3 次侧并步后退,7-8 左腿侧点地接侧屈腿(见图 6-7)。

1拍 2拍 3拍 4拍 5拍 6拍 7拍 8拍

图 6-7

(5)5-8 拍:动作同 1-4 拍动作,但方向相反。

组合三(4×8)×2

动作说明:

(1)1×8 拍:右脚左斜方漫步、右脚右斜方漫步(见图 6-8)。

1～2拍 3～4拍

图 6-8

(2)2×8 拍:1-4 拍右左脚 2 次迈步吸腿跳;5-8 拍 4 次原地踏步,同时转体 270°(见图 6-9)。

1拍 2拍 3拍 4拍 5～7拍 8拍

图 6-9

(3)3×8 拍:1-4 拍 V 字步右转 90°,5-8 拍左 V 字步。

(4)4×8 拍:4 次侧迈步后屈腿、单单双第 7 拍左腿后交叉(见图 6-10)。

1拍　2拍　3拍　4拍　5拍　6拍　7拍　8拍

图 6-10

(5)5-8拍：同1-4拍但方向相反。

组合四(4×8)×2

动作说明：

(1)1×8拍：右腿向左转90°，同时4次小马跳(见图6-11)。

1～2拍　3～4拍　5～6拍　7～8拍

图 6-11

(2)2×8拍：2次右左侧并步跳向前/后漫步(见图6-12)。

1～2拍　3～4拍　5～6拍　7～8拍

图 6-12

(3)3×8拍：2次连续弹踢腿跳前交叉(见图6-13)。

1拍　2拍　3拍　4拍　5拍　6拍　7拍　8拍

图 5-13

(4)4×8 拍:1-4 拍右脚向侧举腿跳接后漫步,5-8 拍右左两次侧并步(见图 6-14)。

1～2 拍 3～4 拍 5 拍 6 拍 7～8 拍

图 6-14

(5)5-8 拍同 1-4 拍动作但方向相反。

二、健美操大众锻炼标准套路三级教学教法提示

本套三级动作的练习目的是进行中等强度的有氧练习和低难度的腰腹及上肢力量练习。每一个组合均由 4～5 个基本步伐组成,所有的动作和变化都是有氧操练习中的常见动作和典型动作,配合以对称性为主的上肢动作,并增加 390°～180°方向变化和简单的图形变化。

1. 动作组合一

本组合包括并步、一字步、吸腿等步伐及手臂配合动作,目的是通过反复练习来提高学生的协调性。

(1)易犯错误:

1)左右并步时身体转不正,脚踝膝弹性不够,动作没有动感。

2)吸腿跳动作不到位,脚未离开地面。

3)一字步与手臂配合不协调。

(2)纠正方法:

1)反复练习脚步,强调屈伸。

2)手臂躯身干与下肢分解练习。

4)完整反复练习。

2. 动作组合二

本组动作包括侧交叉步走、上步吸腿等组合动作,方向变化较难,目的是通过本组练习来提高学生的方向感及身体的控制能力。

(1)易犯错误:

1)前两个八拍动作与身体的方向变化不到位,手臂的路线不准确。

2)迈步吸腿不到位,身体姿态控制得不好。

3)向后侧退步时蛇形路线不到位,重心变化控制差。

(2)纠正方法:

1)反复练习方向的变化。

2)身体姿态的控制,先分解后完整练习。

3)反复练习手臂所走的路线。

3. 动作组合三

本组动作包括漫步、V字步、后屈腿跳等组合练习,通过本组练习可提高学生的节奏感和韵律感,以及对身体各部位的控制能力。

(1)易犯错误:

1)漫步、V字步的节奏感不强,身体姿态不准确。

2)后屈腿跳时身体与下肢配合不协调。

(2)纠正方法:

1)反复练习漫步、V字步。

2)后屈腿可先分解,再完整练习。

3)强调身体姿态练习。

4. 动作组合四

本组动作是成套中最难学习的一组练习,包括各种跳与身体动作的协调配合,变化复杂难以掌握,通过本组练习可提高学生的专业能力以及学习兴趣,为学习健美操能力的提高奠定良好的基础。

(1)易犯错误:

1)小马跳方向的变化难掌握,脚的跳跃节奏差。

2)侧并步接漫步配合不协调。

3)下肢与手臂躯干配合不准确,姿态欠佳。

(2)纠正方法:

1)反复练习脚的节奏感,口令提高击掌等方法。

2)脚与躯干的分解练习。

3)身体姿态的练习。

4)从分解练习过渡到完整练习。

第二节　健美操基础套路《青春魅力》

一、成套动作《青春魅力》教学图解

组合一(4×8拍)

动作说明:

预备姿势:直立。

(1)1×8拍:1-4拍左脚原地踏步4次;5-8拍左、右脚交替前点地,同时屈腿弹动一次(见图6-15)。

1～2 拍　3～4 拍　5～6 拍　7～8 拍

图 6-15

(2)2×8 拍：1-4 拍左右脚交替向前向后一字步，两臂自然摆动；5-6 拍并腿屈伸弹动两次同时双臂胸前击掌两次；7-8 拍，上体左转 90°左脚侧滑步，同时顶左髋，左腿屈伸、两臂侧平举头面向 7 点，还原成直立(见图 6-16)。

1 拍　2 拍　3 拍　4 拍　5～6 拍　7 拍　8 拍

图 6-16

(3)3×8 拍：动作同 1×8 拍动作，但方向相反。

(4)4×8 拍：动作同 2×8 拍动作，但方向相反。

组合二(4×8 拍)

动作说明：

(1)1×8 拍：1-2 拍左脚侧迈一步，双臂胸前上屈，双手握拳向前敲击，掌心相对；3-4 拍右脚并左，右腿屈膝点地，手臂的作同 1 拍，下肢动作同 1-2 拍方相反，双臂体侧屈握拳向下敲击，掌心向前，头向 3 点；5-6 拍左脚侧迈一步成弓步，双臂侧屈同时抖动两次，头向 7 点；7-8 拍右脚左前 45°迈一步，重心前移面向 7 点，左腿后屈，右臂体前屈，左臂体后屈(见图 6-17)。

1 拍　2 拍　3 拍　4 拍　5～6 拍　7 拍　8 拍

图 6-17

(2)2×8 拍:1-2 拍右腿侧迈一步,同时侧摆左腿跳,双臂胸前交叉至右臂侧上举,左臂侧平举;3-4 拍动作同第一个八拍中的 7-8 拍,方向相反;5-8 拍动作同 1-4 拍,但方向相反(见图 6-18)。

图 6-18

(3)3×8 拍:动作同 1×8,但方向相反。

(4)4×8 拍:动作同 2×8,但方向相反。

组合三(4×8 拍)

动作说明:

(1)1×8 拍:1-3 拍左脚开始向 6 点退 3 步,双手握拳从前向后屈臂落至体侧;4 拍吸右腿跳,双手胸前击掌;5-6 拍右腿向 2 点方向并步跳 1 次,左臂胸前屈,右臂后侧上举,两手握拳;7-8 拍同 5-6 拍动作,方向相反(见图 6-19)。

图 6-19

(2)2×8 拍:1-2 拍右腿向右前 45°迈一步,右臂向上举,左臂放于体侧握拳,吸左腿,同时右肘触左膝;3-4 拍同 1-2 拍动作,方向相反;5 拍右脚侧迈一步,同时右臂经前至侧扶头后;6 拍左脚原地踏步,同时左臂经前向右侧屈时扶头;7 拍屈膝半蹲,双臂侧平举掌心朝下;8 拍双腿跳成直立(见图 6-20)。

图 6-20

(3)3×8拍：动作同1×8拍，但方向相反。

(4)4×8拍：动作同2×8拍，但方向相反。

组合四(4×8拍)

(1)1×8拍：1拍左脚向左侧一步同时半蹲两手扶大腿；2拍重心移至左腿右脚侧点地同时两臂上举五指分开头向7点；3-4拍右腿开始向后退三步，两臂经体前至体侧、握拳头向1点；5-6拍右转90°头向5点左腿前点地，右臂肩侧屈肘打响指；7-8拍左转90°面向1点，重心前移至左腿右臂放于体侧，成并腿站立(见图6-21)。

1拍　2拍　3拍　4拍　5～6拍　7拍　8拍

图6-21

(2)2×8拍：1-2拍，上体右转45°左脚后撤成弓步(右)，左臂向2点方向冲拳，重心后移；3-4拍同1-2拍，动作反方向；5-6拍右转45°面向2点，左脚后撤一步，左手立掌推至前举，右手握拳于腰间，右手立掌握至前举；7-8拍，双腿屈膝半蹲，双手握拳于腰间，含胸低头，左脚右并成起踵立，同时抬上体双臂冲拳上举，掌心相对(见图6-22)。

1拍　2拍　3拍　4拍　5拍　6拍　7拍　8拍

图6-22

(3)3×8拍：同第一个八拍动作反方向。

(4)4×8拍：同第二个八拍动作反方向。

组合五(4×8拍)

动作说明：

(1)1×8拍：1-3拍，左脚开始原地踏步3次，双手握拳前后自然摆动；4拍，右脚踏步，双臂屈肘胸前击掌；5-8拍同1-4拍动作(见图6-23)。

1～3 拍　4 拍　5～7 拍　8 拍

图 6-23

(2)2×8 拍:1-2 拍左转 45°面向 8 点,左脚经后屈侧迈一步,同时向左前顶髋,双臂体侧微屈立掌,五指分开、头向 1 点;3-4 拍重心后移至右脚,双臂放于体侧并掌,同时双肩向后提绕一次;5-6 拍重心前移右脚左并屈膝点地,左膝微屈,双臂经胸前平屈至下垂,双手握拳,上体前屈含胸低头;7-8 拍右腿右后撤一步,重心移至两腿之间同时抬上体,双臂夹肘,经胸前屈下放手体侧,掌心相对(见图 6-24)。

1 拍　2 拍　3～4 拍　5 拍　6 拍　7 拍　8 拍

图 6-24

(3)3×8 拍:动作同第一个八拍,方向相反。

(4)4×8 拍:动作同第二个八拍,方向相反。

组合六(4×8 拍)

动作说明:

(1)1×8 拍:1-2 重心移至左腿滚动步两次同时两臂左右侧平举另一手胸前屈时;3-4 拍动作脚同 1-2 拍,双臂上举,下落至体侧,头 3 点、7 点交替看;5-8 拍动作同 1-4 拍动作(见图 6-25)。

1 拍　2 拍　3 拍　4 拍　5 拍　6 拍　7 拍　8 拍

图 6-25

(2)2×8 拍:1-3 拍左脚开始向左侧交叉步走,左臂经右前立掌摆至侧举,右手叉腰;4 拍,右腿左后屈膝跳,双臂屈肘左肩上侧击掌,头向左侧倒;5-7 拍右脚向右侧迈步,同时转体 360°

右臂经左胸前立掌摆至侧平举，左臂屈于体后；7-8 拍面向 1 点，左脚并右脚，同时双臂胸前击掌(见图 6-26)。

1 拍　　2 拍　　3 拍　　4 拍　　5 拍　　6 拍　7～8 拍

图 6-26

(3)3×8 拍：动作同第一个八拍动作，方向相反。

(4)4×8 拍：动作同第三个八拍动作，方向相反。

组合七(4×8 拍)

动作说明：

(1)1×8 拍：1-7 拍左脚开始原地踏步 8 次，双臂前后自然摆动，第 7 拍时同伴之间手拉手(见图 6-27)。

(2)2×8 拍：1-2 拍向前一字步，同时两臂摆至上举；3-4 拍向后一字步，同时双臂还原；5-8 拍动作同 1-4 拍动作(见图 6-28)。

1～4 拍　5～8 拍

图 6-27

1～4 拍　　5～8 拍

图 6-28

(3)3×8 拍：1-4 拍左脚开始踏步 4 次，相邻两人交换站位后成手拉手；5-6 拍踏步两次同时左转 180°，手臂经前摆至上举；7-8 拍踏步两次，双臂经上绕至胸前交叉，手拉手(右臂在上)(见图 6-29)。

1～2 拍　　3～4 拍　　5～6 拍　7～8 拍

图 6-29

1～4 拍　5～8 拍

图 6-30

(4)4×8 拍:1-2 拍踏步两次,同时右转 180°,两臂由胸前交叉绕至上举手拉手;3-4 拍踏步二次,手臂放于体侧手拉手;5-8 拍踏步 4 次,相邻两人位置互换还原,走在前面的人右转 360°同时成直立(见图 6-30)。

动作组合八(4×8 拍)

动作说明:

(1)1×8 拍:1-2 拍后踢腿跑(右)两臂夹肘胸前击掌,后踢腿跑(左)两臂肩上屈肘握拳;3-4 拍同 1-2 拍动作;5-8 拍同 1-4 拍动作,第 8 拍并腿成直立,两臂放于体侧(见图 6-31)。

1～2 拍　3～4 拍　5～6 拍　7 拍　8 拍

图 6-31

(2)2×8 拍:1-2 拍右腿左右屈腿跳两次,双臂屈于体后,头向 7 点;3-4 拍同 1-2 拍动作;5-8 拍,下肢同 1-4 拍动作,左臂侧下举,右臂头上屈臂握拳,头向 7 点;7-8 拍同 5-6 拍动作,头看 3 点(见图 6-32)。

1～2 拍　3～4 拍　5～6 拍　7～8 拍

图 6-32

(3)3×8 拍:1-2 拍右腿向前踢腿跳两次双臂屈于体后;3-4 拍动作同 1-2 拍动作,但方向相反;5 拍侧摆腿跳(右);6 拍动作同 5 拍反方向;7 拍动作同 5 拍;8 拍并腿跳成直立(见图 6-33)。

1～2 拍　3～4 拍　5 拍　6 拍　7 拍　8 拍

图 6-33

(4)4×8 拍:1-2 拍右后踢腿跳(右)两次,双臂屈于体后;3-4 拍动作同 1-2 拍动作,但方向相反;5-8 拍动作同第三个八拍中 5-8 拍动作(见图 6-34)。

1～2 拍 3～4 拍 5 拍 6 拍 7 拍 8 拍

图 6-34

组合九(4×8 拍)

动作说明:

(1)1×8 拍:1-4 拍左脚向左侧并步跳,双臂经体侧向内绕环一周,至胸前交叉屈肘,第 4 拍右腿左后屈腿跳。同时双手握拳、掌心相上头向 7 点;5-8 拍同 1-4 拍方向相反,第 8 拍双臂侧平举、掌心向下(见图 6-35)。

1 拍 2 拍 3 拍 4 拍 5 拍 6 拍 7 拍 8 拍

图 6-35

(2)2×8 拍:1 拍左脚向左前点地,同时顶左髋,右臂胸前上屈,握拳,左手扶左髋;2 拍还原成直立;3-4 拍同 1-2 拍动作,反方向;5-8 拍原地踏步 4 次,双臂前后自然摆动;第 8 拍并腿跳成直立(见图 6-36)。

1 拍 2 拍 3 拍 4 拍 5 拍 6 拍 7～8 拍

图 6-36

(3)3×8 拍:1 拍上体左转 45°直面向 8 点,吸腿跳(左),双手握拳于腰间;2 拍左腿后撤成弓步跳(右)双臂冲拳至前举;3 拍同 1 拍;4 拍右转 45°面向 1 点,并腿跳成直立;5 拍右脚侧迈一步双臂肩侧屈，五指张开掌心向前；6 拍左脚向右后交叉；7 拍侧摆腿跳（左）左臂侧上举，右臂右侧下举并掌，掌心向下头向 3 点（见图 6-37）。

1 拍　2 拍　3 拍　4 拍　5 拍　6 拍　7 拍　8 拍

图 6-37

（4）4×8 拍：动作同第三个八拍，方向相反。

二、健身操基础套路《青春魅力》教学教法提示

通过本套操的学习，培养青少年学生健身锻炼的兴趣和良好的心理状态，调动青少年学生的学习积极性，培养青少年参与锻炼的意识，加强组织纪律性，增强团队意识。

1. 动作组合一

本组合主要包括踏步、一字步、并腿屈膝提踵等简单步伐及手臂配合动作。通过反复练习，让学生体会正确的姿态、踏步、点地与手臂、躯干的配合，达到锻炼身体的目的。整组动作要求表现出步伐的弹动性和手臂动作的力度。

（1）易犯错误：

1）踏步时膝关节缺乏弹性，动作僵硬不协调。

2）屈膝提踵弹动时，踝关节控制不够，表现出动作笨拙。

3）第二、四个八拍中的第 7 拍动作，两臂至侧平举的动作运动轨迹不准确，同时转体不到位。

（2）纠正方法：

1）先教踏步动作，体会屈膝弹动技术。

2）练习踏步的不同形式，如一字步、侧并步、V 字步、踏点步等，充分感受步伐的弹动性。

3）反复强调手臂运动轨迹和转体的角度。

2. 动作组合二

本组合主要包括两侧并步、弓步、侧摆腿跳等步伐。通过简单的上下肢动作配合，让学生体验两侧并步时手臂动作的配合，做到动作舒展、协调，同时通过跳步动作发展学生的弹跳能力，培养学生勇敢顽强的精神及表现力。

（1）易犯错误：

1）侧并步时，手臂动作与步伐练习配合不协调。

2）两肩上下耸肩动作幅度较小，节奏不清晰。

3）侧摆腿跳空中动作不舒展，摆动腿屈膝勾脚失去控制。

(2)纠正方法：

1)分解教学，先教会学生正确的侧并步动作，再体会两臂屈肘向前“敲击墙壁”的动作，然后进行上下肢动作协同配合练习。

2)先放慢上下耸肩动作节奏，加大动作幅度反复练习，再恢复正常速度进行练习。

3)反复练习腿前踢、侧摆动作，注意绷直脚尖，伸直膝关节，提高对腿部肌肉的控制能力。

3. 动作组合三

本组动作加入了简单的路线和方向，使动作有了一定的难度，通过练习，可以提高学生动作的协调性，同时增强学生的方位感。

(1)易犯错误：

1)上步并腿跳没有并腿过程，腾空高度不够。

2)上步吸腿时身体重心控制不稳。

(2)纠正方法：

1)上步时先屈膝降重心，步幅稍大一些，然后用后脚蹬地并腿跳起，提高腾空高度。

2)先练习上步并腿跳动作，再加入动作的路线和方向。

3)上步吸腿控制好重心，收腹立腰，支撑腿提踵，膝关节伸直。

4. 动作组合四

本组动作主要包括踏步、弓步、重心移动及动作节奏的变化。通过反复练习，可以提高学生腿部动作的协调性，同时培养学生的动作节奏感。

(1)易犯错误：

1)第一个八拍的第 2 拍动作上体侧倒，后撤步节奏不清晰，步伐混乱。

2)第二个八拍的 1-4 拍动作节奏不清晰，整组动作不协调。

(2)纠正方法：

1)第一个八拍的第 2 拍动作重心放在左脚上，上体直立，收腹立腰。后撤步降重心，保持身体的平稳。

2)让学生击掌感受音乐节奏半拍和一拍的差异，然后练习第二个八拍的前 4 拍动作。

5. 动作组合五

通过本组动作练习，培养学生身体动作感觉和良好的身体姿态。

1)第二个八拍的第 1 拍动作身体动作感觉不到位。

2)两肩向后提绕幅度小。

(2)纠正方法：

1)第二个八拍的第 1 拍动作先将头由 5 点甩向 1 点，完成动作时感觉欲左似右。

2)做两肩向后提绕动作时，结合呼吸进行练习。

注：第一、三个八拍的踏步动作可进行队形的变化及动作的再创编。

6. 动作组合六

本组合动作以滚动步和侧交叉步为主。通过滚动步并配合简单的上肢动作练习，培养学生上、下肢的协调配合能力；通过转体动作练习，培养学生的方位感。

(1)易犯错误：

1)完成滚动步动作时身体紧张，上、下肢配合不协调。

2)转体动作不到位，重心不稳。

(2)纠正方法：

1)利用分解教学，先掌握正确的下肢动作，再学习上肢动作，然后上、下肢动作协同配合。

2)收腹立腰，放慢转体速度进行练习，掌控身体平衡。

7. 动作组合七

本组合动作为集体配合练习，通过动作组合的练习，可以培养学生协同合作的精神，培强团队意识。

(1)易犯错误：

1)同伴之间距离掌握不好，互相拉扯。

2)同伴之间配合不默契。

(2)纠正方法：

1)每个学生先独立完成动作，然后再进行两个或多人的配合练习。

2)在集体配合练习过程中，教师用口令提示学生统一做动作，如“举手”、“转体”等。

8. 动作组合八

本组合动作以后踢腿跑和小跳为主，并配合简单的上肢动作练习，以有助于发展学生的弹跳能力和身体控制能力，同时使学生养成良好的身体姿态。

(1)易犯错误：

1)后踢腿跑小腿后屈不够，显得拖沓无力，缺乏弹性。

2)小跳时上体晃动，没有控制好身体。

(2)纠正方法：

1)后踢腿跑动作腿后踢时，小腿尽可能后屈靠近臀部。两腿交换时注意落地缓冲。

2)先练习原地并腿立踵跳，体会小跳时身体在空中收腹立腰的感觉，然后再练习单腿小跳。

注：第一个八拍可进行队形的变化及动作的再创编，以充分展示学生的创造力和个性特征，表现出青少年学生的青春活力。

9. 动作组合九

本组合动作元素较多，要求学生有较高的身体协调配合能力。通过练习，可以有助于提高学生身体协调性和身体控制能力。

(1)易犯错误：

1)侧并步跳没有并腿过程，腾空高度不够，上体晃动。

2)整组动作上、下肢动作配合不协调，没有控制身体。

(2)纠正方法：

1)侧并步跳练习方法同动作组合三纠正方法。

2)采用分解练习方法，先练下肢，再练上肢，最后上、下肢协同练习。

第七章　科学打造形体美

第一节　形体美的基本要素

形体美是指一个人外在和内在的整体所表现的美学价值。形体美是一种整体美，它是由多方面因素构成的，如强壮的体魄、健美的体型、良好的姿态，高雅的气质和风度，等等，是自然美与社会美的综合表现。

1. 健康要素

健康是形体美的首要条件，只有健康均匀的肢体、优美的曲线、丰腴的肌肤、红润的面庞、乌黑的头发、水灵的双眼，才能表现出生机勃勃、精力充沛、富有生命力的人体美。只有在健康的基础上，采用塑造形体的专门综合练习，才能使形体更加健美。

2. 再造要素

体形是指人体的外形特征与体形类型。一个人的体形固然与先天遗传因素有关，但通过后天有针对性的锻炼，也可矫正不良的形体，使身体变得健美匀称。如果一个人生下来就含胸端肩，通过长期的形体训练，完全可以使其形成优美挺拔。正确的身体姿势弥补先天不足，而通过形体基本动作的练习可达到塑造良好体形的目的。

3. 高雅的气质是形体美的核心要素

形体训练不仅可以完善形体、体态和仪表，还可以陶冶情操、美化身心。只有在追求形体美的同时，加强自身的思想修养和艺术修养，注意心灵美、行为美、语言美，真正把体育和美育，外在美和内在美很好地融为一体，才能形成高雅的气质风度，才能构成形体的完美。而高雅的气质风度又影响着人体的姿态，可以说内在美是形成外在美的核心要素。

第二节　形体美的标准

1. 普通标准

我国体育美学研究人员胡小明综合古今中外美学专家对人体美的见解，结合我国民族的体质和体形现状，归纳出人体美的基本标准。

(1)骨骼发育正常关节不显粗大突出。

(2)肌肉均匀发达，皮下脂肪适当。

(3)五官端正与头部配合协调。

(4)双肩对称,男宽女圆。

(5)脊柱正视垂直,侧视曲度正常。

(6)胸廓隆起,正背面略呈V字型,女性胸廓丰满有明显曲线。

(7)腰细而结实呈圆柱形。

(8)腹部偏平,男子有腹肌垒块隐现。

(9)臀部圆满适度。

(10)腿修长,大腿线条柔和小腿腓部稍突出。

(11)足了高。

2. 女性形体美的标准

达·芬奇说过,美感完全建立在各部分之间的比例关系上,因此,美的体形首先是各部分比例的匀称协调。按照分类,当然应以运动型为佳。女性的体形应该丰满而不肥胖,这样的体形有一种健康的美,或者苗条而不瘦弱。但是不管丰满还是苗条,都应该具有女性特有的曲线美,这样才能真正呈现出健康、优美的女子形体美。

丰满而挺拔的胸廓是构成女性曲线美的主要标志。乳房应丰满而富有弹性,应有适度发达的胸肌作为依托,从而构成胸部优美的曲线。过分肥大松驰或干瘪的乳房将影响女性的美观。

坚实平坦的腹部和稍微纤细苗条的腰部是曲线美的又一标志,而腰腹周围过多地堆积着的皮下脂肪,无疑会使人显得臃肿难看。

丰满而适中的臀部能构成女子形体又一优美的曲线。臀部过分肥大会显得臃肿,有损于形体美,反之臀部过于瘦小,则表现不出形体的曲线。修长而有力的四肢也是女子形体美不可缺少的一部分,腿部应略长于躯干,并显得修长而苗条,既不能粗胖,也不能瘦长,而应有结实的肌肉,才能显示出腿部优美的曲线。

由于女性的生理特点,所以女性不可能也没有必要练出像男性那样发达的肌肉,那样也会失去女性美的特点。女性应有着适度的肌肉,并且皮下应该有适当的脂肪,从而使身体主要的肌肉群显现出圆润的线条,而不应该像男子那样练得青筋暴露,甚至每条肌肉都很明显。当然健康的体魄,适度的肌肉群仍然是女性美的重要条件。那种弱不禁风的体形和体态是不被提介的。

第三节　形体基本素质训练

一、基本姿态

动作姿态优美是形体展现的特征,要充分利用人体形态结构的特点,在动作中加大关节弯曲、转动的幅度,使身体线条婀娜多姿,造型符合美学特征。

1. 基本站立姿势

动作做法:站立时通过脚的位置变化和腿形变化可形成多种姿势。

(1)脚的基本位置。两脚站立位置常用有以下几种：

1)并步(正步)：两脚并拢，脚尖向前(见图 7-1(a))。

2)自然站立(小八字立)：两脚跟靠拢，两脚尖向斜前方成“八”字形(见图 7-1(b))。

3)开立：两脚左右或前后分开(同肩宽)站立(见图 7-1(c)(d))。

4)丁字步：前脚跟在后脚弓处站立，两脚尖向斜前方成“丁”字形(见图 7-1(e))。

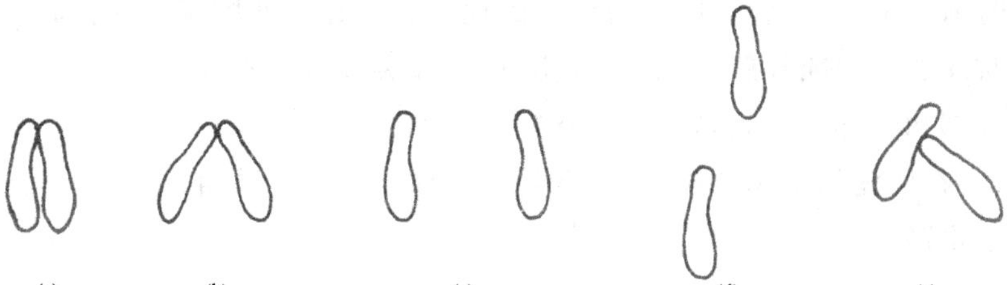

(a)　(b)　(c)　(d)　(e)

图 7-1

(2)站立姿势。两脚在任一位置上以全脚掌或前脚掌、脚尖、脚跟等不同部位支撑地面，两腿伸直或弯曲形成各种姿势。

1)直立：两脚伸直并拢，全脚掌着地，重心在两脚间(见图 7-2(a))。

2)起踵立：以前脚掌支撑地面，脚跟向上抬起，使脚面与小腿在一条垂线上(见图 7-2(b))

(a)　(b)　(c)　(d)　(e)

图 7-2

3)点地立：一腿直立或稍屈膝，另一腿脚面绷直以脚尖在前(侧、后)方点地，重心在支撑腿上(见图 7-2(c))。

4)蹲立：屈膝站立，稍屈膝为半蹲(见图 7-3(a))。屈膝角度小于 90°为全蹲(见图 7-3(b))

(a)　(b)　(c)　(d)　(e)

图 7-3

5)弓步：一腿屈膝，另一腿伸直的姿势。弓步有前弓步、侧弓步、后弓步(见图 7-3(a))。

动作要领：

1)站立时两脚位置准确，两腿和臀部肌肉向身全中线方向收紧，紧腹收臀，挺胸夹背，立腰，两肩下沉，头正直，保持稳定的重心和挺拔的姿势。

2)起踵立时前脚掌支撑，脚拇趾用力向下踩地，内踝顶直，使脚跟高高抬起。

3)点地立时注意整个腿外旋，脚面充分绷直，以脚尖或脚跟点地。

4)蹲立时膝部和臀部肌肉收紧，屈而不懈，具有弹性。

5)弓步，重心在两腿间偏屈膝腿一侧，保持一腿屈且另一腿伸直的姿态。

2. 手臂基本姿态

动作做法：

(1)手形和臂形：在形体训练中，手臂可保持伸展、弧形或屈臂的形状。手的基本形状是手指并拢，拇指与中指向里合。当手臂伸展时手指和手腕随之伸展，在手背处呈反弓形(见图 7-4(a))。当手臂成弧形时，手指、手腕放松(稍屈)，使整个手臂从肩至手指尖成一柔和的弧线(见图 7-4(b))。手形随手臂姿态而灵活变换，在某些具有特殊风格的动作中，手掌伸展成五指分开或屈成半握拳的形状。

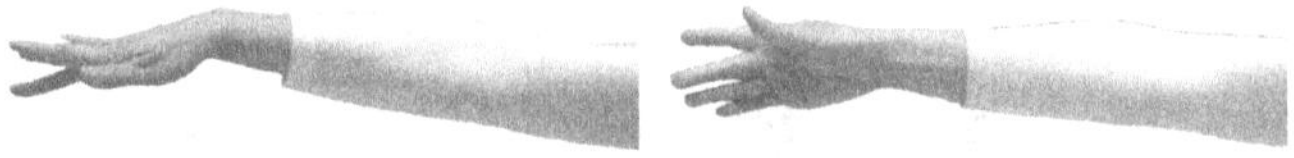

(a)　　(b)

图 7-4

(2)常用的手臂基本位置：

1)两臂正方向的举(见图 7-5)：两臂伸直前举(稍低于肩)，两臂上举(垂直)，两臂侧举(同肩高、稍向后伸展)。

图 7-5

2)两臂中间方向和斜方向的举(见图 7-6)：两臂伸直举至两个正方向之间 45°所对的方向，有前上举、前下举、侧上举、侧下举等，两臂可同高或稍交错。两臂举至两个中间方向之间 45°的位置如前斜上举、后斜上举、前斜下举、后斜下举。

图 7-6

3)两臂不同方向的举:两臂在不同的正方向,例如:一臂上举,另一臂前举(见图 7-7(a));一臂上举,另一臂侧举(见图 7-7(b));一臂前举,另一臂侧举(见图 7-7(c));一臂前举,另一臂后举(见图 7-7(d))。

(a) (b) (c) (d)

图 7-7

两臂在不同的中间方向。例如,一臂前上举,另一臂侧后举(见图 7-8(a));一臂侧上举,另一臂侧下举(见图 7-8(b));一臂后上举,另一臂前下举(见图 7-8(c))。

(a) (b) (c)

图 7-8

(3)芭蕾舞手臂的七个基本位置:

一位:两臂成弧形于前下方,指尖相对,掌心稍向内(见图 7-9(a))。

二位:两臂保持弧形前举(稍低于肩),掌心向内(见图 7-9(b))。

三位:两臂保持弧形上举(食指对眉梢),掌心向内(见图 7-9(c))。

四位:一臂在三位,另一臂在二位(见图 7-9(d))。

五位:一臂在三位,另一臂保持弧形侧举,掌心向前下方(见图 7-9(e))。

六位:一臂在二位,另一臂保持弧形侧举,掌心向前下方(见图 7-9(f))。

七位：两臂保持弧形侧举，掌心向前下方，肘稍向上抬（见图 7-9(g)）。

(a) (b) (c) (d) (e) (f) (g)

图 7-9

动作要领：

(1)手臂向上举起时，以上臂带动前臂，肩关节放松，肩带下沉（腋窝空），下颏随手移动，全身协调配合。

(2)手形随臂形变化，当手臂伸直时手腕、手指随之伸展，尽量向远伸。当手臂成弧形时，手指、手腕随之放松（稍屈）呈圆滑的弧线，肘部向远顶，使手臂幅度增大，刚柔并存。

(3)两臂分别向前、后举起时，以身体中线为轴，两肩随手臂向前、后转动，使两臂举在前后方向上，成一条直线。

(4)手臂由上向下时，上臂、前臂、手依次下落。

二、基本的身体动作

在形体练习中身体姿态的练习包括各种走、跑、舞步、弹性屈伸、波浪等动作练习。通过这些练习纠正身体自然形成的不良形体，从而打造优美的形体。

1. 基本步法与舞步

(1)柔软步（见图 7-10）：

图 7-10

动作做法：由自然站立开始，左腿脚面和膝关节绷直向前伸出，脚面向外，由脚尖过渡到全脚掌着地，身体重心随之前移，接着换右脚向前，两腿交替行进，两臂自然前后摆动。

柔软步还可向后、向侧或沿弧线进行。

动作要领：摆动腿经屈膝向前伸出时脚面、膝关节绷直并外旋，经脚尖过渡到全脚掌着地时，脚尖向外，脚跟主动向前顶，重心随之前移，髋部随两腿的位移而转动。

(2)足尖步(见图 7-11):

动作做法:起踵立,两手叉腰。

左腿脚面、膝关节绷直向前伸出(脚面稍向外),由脚尖过渡到前脚掌着地,同时重心前移,两腿交替行进(1 拍 2 步)。足尖可向前、向后、向侧行进。在足尖步的基础上加快节奏(1 拍 4 步)、缩小步幅(两大腿靠拢)做成足尖碎步。

图 7-11

动作要领:始终高起踵,摆动腿充分绷直,步幅小,重心平稳。

(3)弹簧步,以左脚为侧(见图 7-12):

图 7-12

动作做法:起踵立。

1)左脚向前柔软步并稍屈膝,重心移至左脚。

2)左腿伸直成起踵立,同时右腿脚面和膝关节绷直向前下方伸出,两臂自然前后摆动。弹簧步可向后、向侧行进。

动作要领:摆动腿脚着地前充分绷直,脚着地时由脚尖过渡到全脚掌滚动式着地,并有控制地依次屈踝、屈膝,接着依次有力地伸直膝、踝关节,成起踵立,整个蹲起过程保持稳定的重心,动作要柔和、连贯、有弹性。

(4)滚动步。滚动步是两脚交替进行的、脚掌滚动式着地的动作,是表现柔软和弹性的步法,可原地或行进间练习(见图 7-13)。

动作做法:起踵立。

1)右脚由前脚掌滚动至全脚掌着地,重心移至右侧,同时左腿屈膝向前,由前脚掌滚动至脚尖并向前滑动一小步,脚面绷直,脚尖点地。

2)经双脚起踵立重心左移,左脚滚动至全脚掌着地,同时右腿屈膝向前,由前脚掌滚动至脚尖着地,脚面充分绷直向前滑动一小步。

图 7-13

滚动步可原地进行,也可向前、后行进,还可配合髋部的扭转及手臂的各种动作变化。

动作要领:经两脚起踵立的过程,重心在两脚间移动。向前屈膝时小腿、脚面与地面垂直,动作连贯、柔和、有弹性。

(5)跑跳步。跑跳步是常用的舞步,具有轻快、活泼的特征(见图 7-14)。

动作做法:自然站立,两手叉腰。

节前拍:右脚原地轻跳,同时左腿屈膝抬起,脚面绷直,脚尖向下。

1)左脚落地,随之原地轻跳,同时右腿屈膝抬起。

2)同 1),换右脚做。

动作要领:前屈腿向下落地要快,小跳短促,其节奏为"— ·"。跳与落节奏准确、轻松、活泼、自然。

(6)弹动步。弹动步是表现弹性的步法(见图 7-15)。

图 7-14

图 7-15

动作做法:自然站立,两手叉腰。

节前拍:两腿屈膝,左脚稍离地。

1)前半拍:两腿伸直,同时左脚向前(侧、后)一步,重心移至左脚。

后半拍:两腿屈膝,右脚稍离地。

2)同 1),换右脚开始。

动作要领:在两腿的屈膝弹动中移动,经过屈膝再迈步,动作起伏,富有弹性。

(7)侧交叉步(见图 7-16)。

图 7-16

动作做法:以向左侧交叉步为例。自然站立,两手叉腰。

1)右脚向左脚前交叉一步稍屈膝,同时上体稍向左转,重心移至右脚。

2)右腿伸直,同时左脚向左侧一步前脚掌着地,上体正直。

3)右脚在左脚后交叉一步稍屈膝,同时上体稍向右转,重心移至右脚。

4)右腿伸直,同时左脚向左侧一步,前脚掌着地,上体正直。

动作要领:做交叉步时身体随脚步移动拧转,步幅大,两腿交叉时屈膝,侧步时直膝起踵,充分表现弹性和曲线。

(8)变换步。变换步是常用的舞步,可用 4/4 或 2/4 的舒缓乐曲。变换步有普通变换步、举腿变换步、转体变换步和跳的变换步。

动作做法:变换步可向前、后、侧进行。

1)普通变换步:以向前为例(见图 7-17)。

图 7-17

预备姿势:自然站立,两臂侧举。

1 拍左脚向前柔软步。

2 拍右脚并左脚成丁字步,同时两臂向下至一位。

3-4 拍左脚向前柔软步,重心前移,右腿伸直脚尖后点地,同时右臂前举,左臂侧举,转头看右前方。

5-8 拍同 1-4 拍,换右脚开始。

向侧、向后变换步动作方法同向前,只是脚步移动方向改变。

2)举腿变换步:动作同普通变换步,唯第 4 拍摆动腿向前(后、侧)举起,支撑腿站立或起踵立(见图 7-18)。

图 7-18

3)转体变换步。前半部分动作同普通变换步,唯 3-4 拍左脚向前柔软步经稍屈膝蹬直起踵立的同时右腿前摆向左转体 180°成右腿后举,两臂经二位摆至三位(见图 7-19(a)～(b))。向后做转体变换步动作同向前,唯向后进行(见图 7-19(a)～(f))。

(a)　(b)　(c)　(d)　(e)　(f)

图 7-19

举腿变换步和转体变换步也可跳起在空中进行。

动作要领：

1)变换步的基础是柔软步，因此，基本要领同柔软步。

2)点地、举腿姿态要求膝与脚面外旋。

3)转体的变换步借助支撑腿起踵和摆动腿脚尖转动带动身体转动。

(9)华尔兹。华尔兹是常用的3/4节拍的步法。可向前、后、侧进行，也可做华尔兹转体。

动作做法(以左脚为例)：

1)向前华尔兹(见图7-20)。

图 7-20

预备姿势：起踵立，两臂侧举。

1拍左脚向前做柔软步并稍屈膝，重心随之前移，右臂经下向左绕。

2-3拍右脚开始向前做两次足尖步，同时右臂经上绕至右侧举。

2)向后华尔兹。动作同向前华尔兹，唯向后行进做，第一步可稍大些，身体随之转动。

3)向侧华尔兹(见图7-21)。

图 7-21

预备姿势：起踵立，两臂侧举。

1)左脚向侧做柔软步并稍屈膝，重心随之移至左腿，上体向左转动，两臂身体在水平)面上做波浪摆动。

2)右脚在左脚跟后做足尖步，同时左腿伸直至起踵立。

3)左脚在右脚旁并步起踵立。

4)华尔兹转体180°(见图7-22)

图7-22

预备姿势:起踵立,两臂侧举。

①左脚向前柔软步,稍屈膝,同时右臂经下向前摆。

②右脚向前足尖步,同时向左转体90°两臂上举。

③左脚做足尖步与右脚并拢,同时继续向左转体90°。

④右脚向后做柔软步,稍屈膝,同时左臂经前向下摆。

⑤左脚向后做足尖步,同时向左转体90°,左臂经侧摆至上举。

⑥右脚做足尖步与左脚并拢,同时继续向左转体90°。

5)华尔兹转体360°(见图7-23):

图7-23

动作方法同4),唯2-3拍各转180°。

动作要领:柔软步屈膝时脚尖、膝盖向侧,足尖步高起踵,动作起伏自然,重心随出步而移动。转体的华尔兹在2-3拍边走边转。

(10)柔软跑:

动作做法;在自然跑的基础上,摆动腿自然向前伸出,脚面绷直,用前脚掌先着地,随重心前移过渡到全脚掌着地,另一腿再向前摆,两腿交替进行(见图7-24)。

图 7-24

动作要领：摆动腿前摆时脚面充分绷直向前伸，跑动中上体保持挺胸稍前倾，步幅适中。

(11)足尖跑：

动作做法：在自然跑的基础上缩小步幅，增加步频，摆动腿膝部自然伸直，脚面充分绷直，以脚尖过渡到前脚掌着地，两脚快速地交替蹬地，身体重心平稳移动(见图 7-25)。

图 7-25

动作要领：离地绷脚，尽量高起踵，步幅小、步频快，上体稍前倾，身体重心平稳滑动。

2. 弯曲和伸展动作

在人体解剖结构允许的范围内进行各关节的屈伸动作这有助于增大关节活动范围，增强肌肉、肌腱的柔软性和弹性，防止运动创伤，能消除肌肉萎缩和关节僵硬。

(1)颈部屈伸：

动作做法：由头部正直开始，头部向前、后、左、右做弧线运动，颈部放松拉长、随头的运动做颈前屈(低头)、颈后屈(抬头)和颈侧屈(偏头)动作(见图 7-26)。

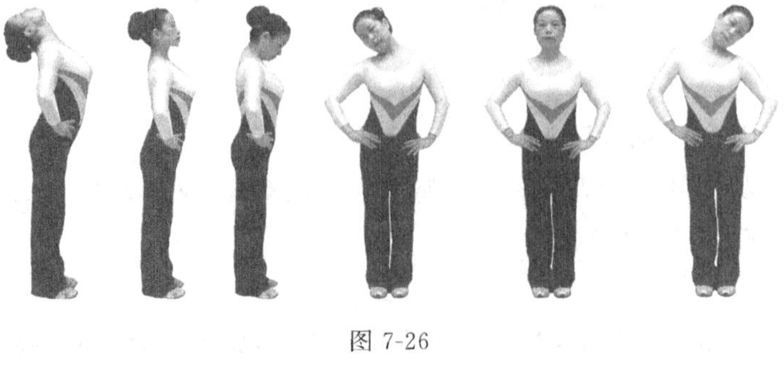

图 7-26

动作要领：颈部放松，头顶画大弧，两肩下沉，两眼平视，胸部动作与之协调配合。

(2)上肢屈伸：

动作做法：

1)手屈伸：手指和手腕各关节弯曲成拳、伸展成五指分开的掌。

2)臂屈伸：手臂经屈臂姿势向前、上、侧、下等任何一方向伸展成直臂姿势。

动作要领：

1)手屈伸成五指分开的掌形时，掌面及手腕应在一个平面上，动作快速、准确而有力。

2)屈伸动作中关节的弯曲只是过渡，不可停顿，屈伸动作要连贯、流畅而自然。

(3)下肢屈伸：

动作做法：下肢各关节可同时弯曲、伸展，也可依次弯曲、伸展。各部分动作如下：

1)勾脚与绷脚：脚趾和踝关节跖屈为绷脚，背屈为勾脚。

2)屈腿与伸腿：支撑腿和摆动腿都可做屈与伸的动作，髋关节和膝关节共同参与腿的屈与伸。

3)移重心：在站立的状态下，由点地立开始经过支撑腿弯曲、两腿屈，使重心移动到另一腿。可前后移重心(见图 7-27(a))、左右移重心(见图 7-27(b))。

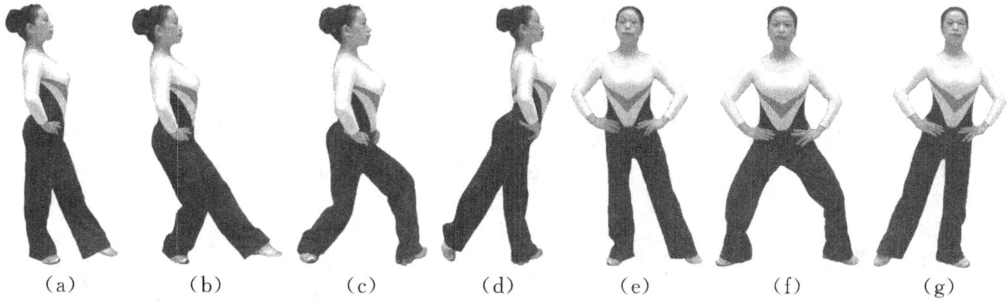

图 7-27

动作要领：

1)勾脚时脚背尽量弯曲，绷脚时脚掌屈肌强力收缩，使脚趾、脚面与小腿在一个平面上。

2)腿屈伸时相应的屈肌和伸肌收缩，使腿弯曲时大、小腿叠拢，伸展时成一条直线。

3)移重心动作必须使身体重心从一腿经两腿移至另一腿。动作应流畅，幅度尽量大。

(4)躯干弯曲：

动作做法：在站立、坐、卧、跪立等支撑条件下，躯干各关节协同一致地向前、后、侧弯曲，形成上体前屈、后屈、侧屈动作(见图 7-28)。

图 7-28

动作要领：下肢保持稳定的支撑，头部牵引躯干各关节先拉长再弯曲，同侧的躯干肌肉强力收缩增加弯曲幅度，异侧肌肉放松拉长。手臂动作与之协调配合。

3. 腿的弹动

下肢的弹性屈伸有助于发展力量和动作的弹性。腿的弹动有屈膝弹动、起踵弹动和弹腿。

动作做法：

(1)屈膝弹动：由站立开始，有节奏地做膝部的屈和伸的连续动作，节奏可快可慢(见图7-29(a))。

(2)起踵弹动：由起踵立开始，有节奏地做脚跟下压和起踵的连续动作，节奏可快可慢(见图7-29(b))。

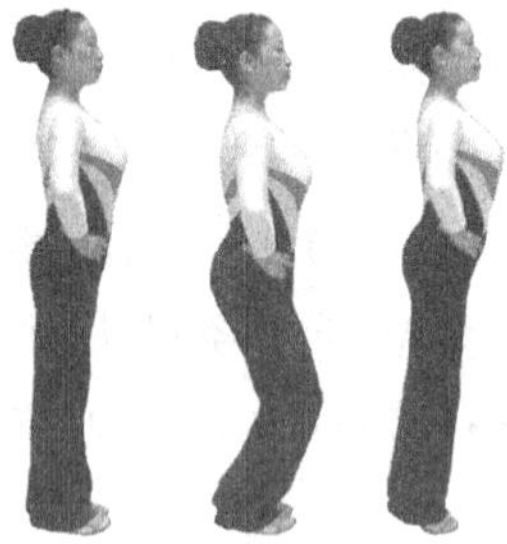

(a)　(b)　(c)

图 7-29

(3)弹腿：一腿站立，另一腿经屈膝举起，向前(侧、后)伸腿的连续动作(见图7-30)

图 7-30

动作要领：弹腿时保持稳定的重心，腿被动弯曲，主动伸展，屈伸动作连贯。

4. 波浪动作

波浪动作是形体练习的典型动作，可发展身体的柔韧、灵活及协调运动的能力。波浪动作有手臂波浪、躯干波浪和全身波浪。

(1)手臂波浪：

动作做法：以左臂向前波浪为例。左肩向前转动，以左肩向上带动上臂、前臂、手腕、手指依次向上移动，肩、肘、腕、指关节依次弯曲，并随之依次向下伸展。在波浪过程中形成屈肘伸腕和伸肘屈腕的反向弯曲姿态。手臂波浪动作幅度可大可小，可在不同位置，向不同方向进行，两臂可同时或依次进行，可同方向或相反方向进行。

动作要领：各关节弯曲与伸展要依次、连贯地进行，由近侧端开始发力，向远端传递形成浪峰推移。在手臂波浪中肘关节随手臂上下摆动而转动。

(2)躯干波浪：

动作做法(以跪坐波浪为例)：由跪坐开始，腰、胸、颈各关节依次前挺后屈，上体前倾使胸贴大腿，接着腰、胸、颈依次后移前屈，经弓背、含胸、低头的过程依次还原成上体正直（见图 7-31）。躯干波浪还可在跪立、坐、卧以及站立的条件下进行。

图 7-31

动作要领：躯干部位腰、胸、颈各关节依次后屈、前屈或侧屈，随之依次伸展，各关节依次动作要连贯、充分，以形成波浪的推移运动。在躯干波浪中头部积极参与，下颏画立圆，躯干呈现出“S”形弯曲。

（3）全身波浪：

动作做法：全身波浪指从脚至头，全身参与的身体波浪，有向前、后、侧或边绕环边行进的螺旋形波浪。

1）身体向前波浪：由半蹲上体前屈开始，膝、髋、腹、胸、颈依次向前上方挺出，经含胸、低头、挺髋的反向弯曲，上体大幅度后屈，两腿积极蹬伸，身体各关节由下至上依次伸展还原成直立。动作中两臂由前经下向后绕至上举，全身协调配合（见图 7-32）。

图 7-32

2）身体向后波浪：由站立开始，上体后屈，膝、髋、腰、胸、颈各关节依次前屈，经挺胸、抬头、屈髋的反向弯曲姿势，依次弓背、含胸、低头至上体前屈姿势，同时手臂经后下绕至前下方。

3）身体向侧波浪（以左侧波浪为例）：由左脚尖侧点地、两臂右侧上举、上体左侧屈开始，右腿、左腿依次屈膝向左侧移重心的同时，髋、腰、胸、头依次经前屈向左侧上方挺出至左腿直立，右脚尖侧点地，上体右侧屈，两臂随之经下摆至右上方（见图 7-33）。

图 7-33

4)螺旋波浪(以左侧为例):上体向左做水平绕环的同时,完成全身向后波浪接向前波浪的动作。两臂随上体的绕动完成体前水平中绕环接头上水平大绕环接头上水平大绕环动作(见图 7-34)。

图 7-34

动作要领:由腿部开始发力,膝、髋、腰、胸、头依次向波浪方向挺出。上体和下肢反向位移,保持动作平衡,形成"S"形弯曲。全身各关节由下至上依次弯曲随之依次伸展的动作要连贯、松弛,幅度要大。

第四节 形体成套动作教学范例

组合一

动作说明:

预备姿势:两脚并拢站立,两手一位(见图 7-35)。

(1)1×8 拍:两臂从一位至左臂斜上举,右臂斜后举抬头看左手,还原至预备姿势,如图 7-35 所示。

预备姿势　1~2 拍　3~4 拍　5~6 拍　7~8 拍

图 7-35

2×8 拍:动作同 1×8 拍,方向相反。

3×8 拍:两臂从一位至左臂上举右臂侧平举头看右手,还原至预备姿势,如图 7-36 所示。

1～2 拍　3～4 拍　5～6 拍　7 拍　8 拍

图 7-36

4×8 拍：动作同 3×8 拍方向相反。

(3)1×8 拍：左脚向左半步同肩宽同时左手经体前至斜上举，右手经体前至斜上举头看右手，如图 7-37 所示。

2×8 拍：左膝弯曲同时左手屈肘至高上拉长身体头看右手，换屈右手，同时右膝弯曲姿态头看左手，如图 7-38 所示。

1～4 拍　5～8 拍

图 7-37

1～4 拍　5～8 拍

图 7-38

3×8 拍：两臂经前向后绕环一周打开肩胸至一位手，如图 7-39 所示。

4×8 拍：两臂至体侧肩绕环一周，反方向完成，如图 7-40 所示。

1～8 拍

图 7-39

1～6 拍　7～8 拍

图 7-40

(3)1×8 拍：两臂从一位至二位打开侧平举头看前方，如图 7-41 所示。

1～4 拍　　5～8 拍

图 7-41

2×8 拍:左膝弯曲同时左臂经前至右侧目而视,再返回原路至侧平举,如图 7-42 所示。

3×8 拍:左臂经前至右侧两臂经下向后绕环一周至上举,同时躯身干向后波浪一次,如图 7-43 所示。

4×8 拍:两臂向后打开同时肩绕环一周挺胸抬头,收回左脚,反方向完成 4×8 拍动作,如图 7-44 所示。

1～8 拍

图 7-42

1～8 拍

图 7-43

1～4 拍　5～8 拍

图 7-44

组合二:

(1)1×8 拍:1-2 拍左脚向左侧迈出一大步同时左臂从一位至侧平举;3-4 拍左脚原路收回;5-6 拍同 1-2 拍;7-8 拍动作同 3-4 拍的动作,但方向相反,如图 7-45 所示。

1～2 拍　3～4 拍　5～6 拍　7～8 拍

图 7-45

2×8 拍:1-4 拍左脚向左迈出一大步成侧弓步左臂从一位至侧平举;5-8 拍两脚直立左臂从侧至上举,如图 7-46 所示。

3×8 拍:向右转体 90°同时上体向下至体前屈右手触地,再回到直立,如图 7-47 所示。

1～4 拍　　5～8 拍

图 7-46

1～4 拍　　5～8 拍

图 7-47

4×8 拍：躯干向下体前屈同时左手经前至下绕环一周身体向左转 90°，收回右腿成并脚站立姿态，反方向完成 4×8 拍动作，如图 7-48 所示。

1～4 拍　　5～6 拍　　7～8 拍

图 7-48

(2)1×8 拍：一位站立，左脚前擦地至侧点地两臂从一位经二位打开至两臂侧平举，如图 7-49 所示。

1～2 拍　　3～4 拍　　5～8 拍

图 7-49

2×8 拍：1-4 拍躯干向左弯曲，同时右手上举；5-8 拍身体还原成直立两臂侧平举，如图 7-50 所示。

3×8 拍：同 2×8 拍，动作保持弯曲不动，如图 7-51 所示。

4×8 拍：右手经左侧至下绕环一周落下同时身体还原至站立，反方向完成 4×8 拍动作，如图 7-52 所示。

1～4 拍　　5～8 拍

图 7-50

1～8 拍

图 7-51

1～4 拍　　5～8 拍

图 7-52

(3)1×8 拍：1-4 拍左脚向左迈出一步同肩宽左手，同时经侧至上举；5-8 拍动作同 1-4 拍方向相反，如图 7-53 所示。

1～2 拍　　3～4 拍　　5～6 拍　　7～8 拍

图 7-53

2×8 拍：两手在头顶上方相握，同时屈肘，再伸直两臂，同时两脚起踵立，抬头挺胸，向上拉长整个身体，如图 7-54 所示。

1～4 拍　　5～8 拍

图 7-54

3×8 拍：动作同 2×8 拍的动作，停止不动。

4×8 拍：两脚落下，同时两臂向后大绕环一周，打开肩胸，向后下腰，收回左脚，反方向完成 4×8 拍动作，如图 7-55 所示。

1～2 拍　　3～4 拍　　5～6 拍　　7～8 拍

图 7-55

组合三

(1)1×8 拍:1-2 拍左脚向前一步,同时向前移重心,两臂同向前摆;3-4 拍向后动作同 1-2 拍的动作,但方向相反;5-8 拍向前并步走,同时两臂从前向后绕环一周,如图 7-56 所示。

1～2 拍　　3～4 拍　　5～6 拍　　7～8 拍

图 7-56

2×8 拍:同 1×8 拍动作,方向相反,如图 7-57 所示。

1～2 拍　　3～4 拍　　5～6 拍　　7～8 拍

图 7-57

3×8 拍:左脚并于右脚同时起踵立两臂,经三位手形向后绕一周同时躯干向后波浪一次,如图 7-58 所示。

4×8 拍:3×8 拍动作躯干波浪向前做。反方向完成 4×8 拍动作。

1～2 拍　3～4 拍　5～6 拍　7 拍　8 拍

图 7-58

(3)1×8 拍:1-2 拍向左摆动双臂至侧平举;3-4 拍动作同 1-2 拍的动作,但方向相反;5-8 拍两臂从左绕环一周至侧平举,同时两腿弹性屈伸,如图 7-59 所示。

1～2 拍　3～4 拍　5～6 拍　7 拍　8 拍

图 7-59

2×8 拍:动作同 1×8 拍动作,但方向相反。

3×8 拍:1-2 拍左脚向前一步同时移重心两臂侧摆至侧平举;3-4 拍换右脚动作同 1-2 拍的动作;5-8 拍左脚向前并步走,同时两臂向左侧经右侧绕环一周至两臂左侧举,如图 7-60 所示。

1～2 拍　3～4 拍　5～6 拍　7～8 拍

图 7-60

4×8 拍:动作同 3×8 拍动作方向相反。

(3)1×8 拍:1-4 拍右脚半蹲左脚前点同时两臂体前下伸;5-8 拍向左碎步走同时接左阿拉贝斯立,如图 7-61 所示。

2×8 拍:1-4 拍右脚上步成右前弓步,同时右臂前平举,左臂后举;5-8 拍右腿伸直,左脚后点,同时右臂向后打开至后举,左臂前上举,头向后看右手,如图 7-62 所示。

1～4 拍　5～6 拍　7～8 拍

图 7-61

1～4 拍　5～8 拍

图 7-62

3×8 拍：动作同 1×8 拍动作，但方向相反。

4×8 拍：动作同 2×8 拍动作，但方向相反。

组合四

(1)1×8 拍：1-2 拍左脚向左侧步走，同时左臂经下至右侧到上举，右臂侧平举；3-4 拍右脚至左脚前交叉，同时左臂转肘至胸前；5-6 拍左脚左侧一步，同时左臂经胸前经下打开至侧上举，右臂保持侧平举；7-8 拍右脚并左脚，同时上体前屈右臂经头上落至两臂左下举。

1～2 拍　3～4 拍　5～6 拍　7～8 拍

图 7-63

2×8 拍：1-4 拍左脚站立右脚侧点地，同时向右做侧躯干侧波浪一次；5-8 拍同 1-4 拍有动作，但方向相反，如图 7-64 所示。

1～2 拍　3～4 拍　5～6 拍　7～8 拍

图 7-64

3×8 拍：动作同 1×8 拍动作，但方向相反。

4×8 拍：动作同 2×8 拍动作，但方向相反。

(2)1×8 拍：左脚向左斜方柔软步走 4 步两臂至于体侧，如图 7-65 所示。

1～2 拍　　3～4 拍　　5～8 拍

图 7-65

2×8 拍：原地柔软步走同时转 360°两臂运手至一位，如图 7-66 所示。

1 拍　　2 拍　　3～4 拍　　5～6 拍　　7～8 拍

图 7-66

3×8 拍：动作同 1×8 拍动作，但方向相反。

4×8 拍：动作同 2×8 拍动作，但方向相反。

教学步骤：

(1)在成套动作学习时可先学组合一、组合二动作，先分解后完整学习。

(2)反复强调身体基本姿态，准确、优美。

(3)组合一、二完成熟练后再学组合三、四动作。

(4)组合三、四主要体会躯干的波浪摆动，强调身体各部分的协调配合，身体曲线美。先分解学习再完整。

(5)成套动作学习时用递增教学法完成。

第八章　竞技健美操

第一节　竞技健美操的创编

竞技健美操主要是用于比赛或表演的健美操，其成功与否取决于编排水平和完成质量。创编是完成的基础，做好创编是竞技健美操成功的前提，因此开展竞技健美操活动首先要了解竞技健美操的特征，掌握其创编的原则和步骤。

一、竞技健美操的特征

竞技健美操的特征可以用两多、两少和快、大、全几个字来概括。

(1)两多：即指在竞技健美操成套动作中所包含的动作类型多、复合性动作多。据研究统计，竞技健美操动作类别共有35种左右，而在一套竞技健美操动作中即可含25～28种，所含量达到70%～80%左右。而在健身健美操成套动作中不同动作类别的含有量最多占60%。动作类型多，表明一套动作的编排变化大，多样化程度高，而难度也相应加大。

竞技健美操中的复合性动作占的比例很大。所谓复合性动作是指动作的结构是由身体多部位的活动组合成的。如有头颈的活动同时又伴有上肢、下肢以及胯部配合的活动。这种复合性动作在竞技健美操成套练习中含量达到总动作数量的92%～94%，而在健身健美操成套练习中含量则少得多，最高为65%左右。很显然参与活动的身体部位越多，动作练习就越复杂，要求的协调性也越高。

(2)两少：即指相同动作复重次数少，全套练习时间少，没有明显的“节”的划分。

在竞技健美操全套动作的练习中，同样动作重复次数大大少于健身健美操，左右对称性重复动作最多只有1～2次。这是因为竞技健美操竞赛规则规定成套竞技健美操要在1′40″～1′50″之间完成。在这么短的时间里要完成所规定的练习内容和次数，要避免动作的单调乏味，要使动作新颖，具有更大的吸引力，只有靠动作的浓缩，极大限度地减少同样动作的重复才能达到更高的表演效果，取得较好的成绩。

时间短这一特点，主要是由竞赛性所决定的，时间长了强度会更大，运动员会承受不了；比赛时间长动作又雷同，就难以产生新鲜感，会令人感到没意思和乏味，竞赛性会相应降低。

(3)快：竞技健美操比健身健美操动作速度快。其原因是竞赛要有一定的激情和感染力，动作速度缓慢不能产生这样的效果。时间短，速度慢，必然会使人产生动作贫乏、单调的感觉。

据统计，竞技健美操的音乐速度多在26～30拍/(10秒)之间。这样范围的速度很容易产生激情，极富感染力，能引起观众的共鸣，能使运动心率和动作节律相一致，进而更能使运动员发挥表现出才能，并能进入动作的意境，得到身、心两方面的效益。

有少数人在竞赛中采用32～34拍/(10秒)的音乐。实践证明，速度过快会适得其反，既达不到激发情绪的效果，又使得完成动作时受限制，让人感到忙乱，匆匆而过，不能充会发挥和更好地表现动作。因此过慢和过快的音乐节奏都是不适宜的，必须根据运动员的身体条件、训练水平、年龄、性别加以确定。训练水平高，具有一定的素质条件的人，可适当加快速度。男子一般可稍快于女子；爆发力好和具有一定肌肉力量的可以加快些。

(4)大：是指动作负荷大。竞技健美操虽然时间短，但由于动作速度快，动作又较复杂，变化多，复合性动作多，因此，运动强度具有一定水平。据测定平均运动心率可达到180次/min以上，运动中最高心率可达195次/min以上。

竞技健美操是由有氧代谢转化为无氧代谢的运动。这种有氧和无氧代谢相结合的运动，其代谢比例，无氧代谢达到了60%的指标，活动后负有较大氧量，这种强度相当于800～1 000 m的疾速跑、200 m竞技游泳和1 500 m的速滑。可见活动强度之大。

(5)全：指对身体影响的全面性。竞技健美操的动作多是复合性全身的配合练习，因此它对身体的各部位均有较大影响。为了保证能对身体产生全面影响，在竞赛规则中就明确规定了有发展上肢肌力的俯卧撑，发展腹背肌群的收腹举腿，发展腿部柔韧、灵活性的踢腿，发展弹跳力、灵敏性的姿态跳等难度动作，这就保证了使身体各环节、各部位均能得到锻炼和平衡发展，使竞技健美操更突出对练习者身体影响的全面性特点。

二、竞技健美操创编的原则

竞技健美操是根据规则精神，最大限度地展示运动员全面的身体素质、精湛的技术技巧、新颖的动作连接与独特的表演才能，具有很高艺术欣赏价值的一项竞技运动。其比赛的成功与否取决于健美操的艺术价值、难度价值与完成质量。创编是完成的基础，是取得成功的前提，因此首先要掌握其创编的原则。

1. 针对性原则

目前我国竞技健美操比赛的种类较多，有全国性大型锦标赛，也有地方性小型邀请赛等各种比赛，规程和规则不尽相同，因此创编首选要坚持针对性的原则。

(1)针对规则的要求进行创编。创编前首先要了解规则的要求，这是创编的法定依据，尤其要了解所设项目的时间、难度动作、难度要求及违例动作的规定，以免造成编排方面的重大失误。

(2)针对项目的特点进行创编。竞技健美操比赛一般设单人(男、女)、混合双人、三人(混合或非混合)、混合六人比赛，这些项目各有其不同的特点。单人是个人项目，无配合和队形变化问题(但要注意运动方向、路线的变化，充分使用场地)，因此动作语汇的丰富独特和难度的协调一致和配合动作的丰富、巧妙与默契，如双人的上下起伏、左右交错、前后互换、分合交替等；三人项目增加了队形变化的因素，但三人的队形毕竟有限，因此三人换位的自然流畅、同步与配合动作的巧妙组合是创编的要点；混合六人是人数较多、时间较长、创编难度较大的一个项目，它要求队形变化丰富、动作整齐、配合协调，并有创作多种多样健美组合造型的广阔天地。因此该项目的创编更强调整体而不是局部效果的完美，讲究队形画面的对称或均衡，以及成套动作造型理想的效果。

（3）针对运动员的特点进行创编。竞技健美操基本上属于个性化的比赛项目，只有针对运动员的特点创编不同风格的操，才能充分发挥运动员的优势，表现其独特的风貌。例如，有的运动员弹跳力好，可多编排些跳跃性强、难度大的动作，令其弹性的跳跃步伐、轻盈的空中姿态得到充分的展示；对于那些柔韧性好的运动员，编排难度较大的劈叉（如横劈叉）、平衡、多种方向的高踢腿等动作，方能一展其舒展优美的形体和健美高手的身手；对力量型的运动员编排些加难的俯卧撑、支撑等动作，有利于表现其较强的力量和控制力。

2. 创新性原则

竞技健美操往往是为参赛或表演而创作的，若想在竞赛中脱颖而出，编排得新颖独特甚为重要。从某种角度来说，创新是竞技健美操的生命，没有创新就没有竞技健美操的发展，因此创新性是竞技健美操创编的一项重要原则。坚持创新性原则重要的是要了解国内外竞技健美操发展的现状和趋势，以便总结、继承和发展已有的创作结晶，选准创新的突破口。竞技健美操的创新可从多方面着手，如动作的创新、队形的创新、连接的创新、音乐的创新等，但其中动作的创新是其他创新的基础，应予以重视。

（1）造型和一般动作的创新。竞技健美操往往以各种各样的造型开始，目的是给人留下好的第一印象。新颖的开场造型能以独特的艺术魅力把人们引进编导者精心设计的健美操表演之中。接下来全套操的一般性动作也要新颖丰富，可广泛研究和吸取体操、健美、舞蹈（如民族民间舞、迪斯科、爵士舞等）、武术中那些造型美、幅度大、有力度、有锻炼价值的动作，加以操化，创造出新颖的、具有健美操特色的动作。

（2）难度动作的创新。规则在规定难度动作规格要求的同时，也给编操者们一定的创编余地，如难度连难度等。教练员据此大胆创新。难度动作的创新加难有助于促进竞技健美操技术水平的提高。其创新要建立在体育、艺术等科学研究基础上，注意不能创编单纯追求难度而有损身体的动作，特别要注意避免编入违例动作（如例立、空翻等），以把握健美操发展的方同。此外，竞技健美操的难度不仅表现在单个难度动作的发展上，还表现在由难度动作的布局所体现出的难度价值上。例如，在大运动量运动后做俯卧撑比做操伊始完成该项难度动作难度价值大。所以难度动作的加难不要忽略了难度价值这一因素。

3. 全面性原则

竞技健美操是健美操的一种，因此它也是以全面发展身体为根本目的，但竞技健美操创编中坚持全面性的原则与健身健美操不尽相同，它不一定要按照由远至近、自上而下的顺序全面设计身体各部位的运动，而主要是全面发展人体的力量、柔韧、灵敏、耐力等素质。它的创编除包括发展力量、弹跳、柔韧的难度动作外，还应多设计一些促进身体素质全面发展的动作，如显示和发展控制力和柔韧性的支撑、劈叉、平衡、高腾空有姿态跳等动作，并要编排一些具有健美操特点的对称组合动作，以使全身得到均衡发展。

4.艺术性原则

竞技健美操是一种具有艺术性的体育竞赛项目,竞赛评判对其艺术方面的要求使它的创编比健身健美操的创编更注重遵循艺术性的原则。

(1)整体结构设计的艺术性。竞技健美操的艺术性首先体现在整体结构、布局的合理性上。竞技健美操虽然时间短,但也应设计成几段,段落之间应有变化和对比,如动静、快慢、强弱、疏密的搭配。此外,难度动作要合理布局(避免过于集中),高潮安排得恰当(一般来说一套操安排 3～4 个高潮,大高潮在操的后部分)。只有总体结构设计合理才能产生悦人的节奏感和张弛有序、高潮迭起的美感。

(2)音乐选配的艺术性。竞技健美操的音乐除了与健身健美操的音乐一样,要求旋律悦耳动听、节奏鲜明强劲外,其艺术性主要体现在音乐与操的风格相一致,而操的风格是由项目及运动员的特点确定的。因此,竞技健美操的音乐应选配最有个性的音乐,同时因为竞技健美操的强度比健身健美操大,所以其音乐的节奏也要稍快。大学生竞技健美操的音乐速度在 24 拍/(10 秒)以上,方能产生强烈的动感。此外,音乐要伴随操的层次变化而有所变化,才不会单调。与操的结构相吻合的音乐,往往能起到推波助澜、锦上添花的作用。

(3)队形动作设计的艺术性。在竞技健美操集体项目的创编中,队形设计要丰富多样,变换自然流畅、灵活巧妙,并注意队形与动作配合适宜,即选择最能展示动作美的队形,创编最能体现队形美的动作。例如,六人在大横排上做高踢腿,显得动作更加有气势。此外,竞技健美操动作设计的艺术性还表现在:既要吸取舞蹈等艺术性项目的动作语汇又不能令健美操舞蹈化。这就要求对所吸收的动作加以改造,使之成为有较大锻炼价值、美观大方、有力度有特色的健美操动作;既要广泛汲取"艺术营养"又不能使健美操成为"大杂烩"。这就要求整套健美操的风格要鲜明统一,不可将风格不同的多种艺术成分吸收在同一套健美操中;动作之间的衔接自然巧妙也是提高竞技健美操艺术性的一个重要因素。

三、竞技健美操创编的步骤

1.创编前的准备

第一,学习竞赛规程与规则。第二,学习有关的文字或音像资料,了解竞技健美操发展现状和趋势。第三,研究项目和运动员的特点。

2.设计总体方案

(1)确定健美操的总体风格。根据项目和运动员的特点确定健美操的风格。例如,是刚劲型,还是活泼型;是以迪斯科类的动作为基本动作,还是以中国古典舞风韵的动作为本套健美操的特色动作;是汲取蒙古族舞蹈的素材还,是借鉴武术的动作造型等。

(2)总体结构设计与音乐的选配。竞技健美操的总体结构设计有两种方法。第一种是首先根据编操者对健美操的整体设想把健美操分为若干部分和若干段,如开始部分(造型或入场),主体部分(主要以难度动作和难度要求为中心分为若干段,各项难度动作和难度要求的先后顺序根据编健美操者对操的起、承、传合及高潮的考虑来安排),结束部分(造型或退场);然后设计出各部、段的主要队形(集体项目)或运动路线(个人项目);确定各部、段大体的拍节数;

最后根据健美操的风格、结构、长度及速度等选择与剪接音乐。第二种方法是首先根据健美操的风格选择音乐，然后根据音乐的结构、拍节数、高潮起伏等确定健美操的总体结构。总之，健美操的总体结构设计往往要与音乐的选配结合起来进行，在相互制约的同时均可根据需要做适当的调整。

为使初学者对竞技健美操总体方案的设计有一个较系统且较简明客观的了解，下面介绍一个总体方案设计表（见表 8-1），可将编操者的总体设计通过此表归纳和展示出来，以便纵观和审视总体方案的合理性和完备性，并据此进行下一步的分段创编。

表 8-1 竞技健美操总体方案设计表

操 名：		风 格：		难 度：	
音 乐：		时 间：		长 度：	难 度：
内 容					
部 分	段 落	主要动作	主要队型（路线）	拍 节	备 注
开 始	1				
主体	2				
	3				
	4				
	5				
结 束	6				

注：（1）表内之格可根据需要增大和增多；（2）“主要动作”一栏是指难度动作和难度要求及高腾空有姿态跳、支撑、劈叉、平衡等核心动作；（3）“备注”可注明大、小高潮的安排及其他特殊设计。

3. 分段编排动作

在总体方案拟定之后，根据竞技健美操创编的原则开始逐部逐段地创编动作（包括主要动作和连接动作），在按照方案创编动作时仍可以根据实际适当地修改补充队形。此外，动作的创编常与局部的排练结合起来，即边编边练，并注意运用速度或速写的方法做好记录，以免遗忘。

4. 成套健美操排练与修改

分段创编结束后，整套操基本成型，即可进行全套操的排练，但此时创编尚未结束，在整套操排练的过程中要从整体上（不同阶段仅从局部）检查创编的结果，即整套操的风格是否统一，操与音乐是否浑然一体，难度动作和高潮的安排是否合理，运动量是否适宜，队形与动作的配合是否恰当，特别是整套操的连接是否流畅，只有成套排练才能看得清楚。检查后的修改也是十分重要的创作过程，有些调整可能是关键性的校正，有的则可能是画龙点睛。在创编和修改中还应注意的是竞技健美操的时间短，队形动作的设计要精练，同样的手法不宜重复使用。例如，依次动作不必多次反复出现，俯卧撑几度出现（也许后面为加难俯卧撑）往往也给人以赘感。有些设计从局部看是精彩的，但在整套操的连排中才会发现是重复多余的，这时应果断割舍。

5. 撰写文字说明与绘图

此项是为长期保留、教学、研究、交流、出版而采用的。

第二节　竞技健美操的特定动作及特殊要求

根据竞技健美操竞赛规则的要求，运动员在比赛中必须完成一些特定的、不同类型的难度动作（动力性力量、静力性力量、跳跃、踢腿、平衡、柔韧）和具有健美操特色的操化动作及基本步伐。这些特定动作的选择与完成，不仅体现了运动员完成健美操技术的能力，也直接影响着运动员的比赛成绩。因此，明确特定动作及特殊要求，是取胜夺冠的关键。

一、静力性力量（支撑类）

1. 一般描述

支撑类动作是力量的显示，在完成支撑类动作时，身体重心应落在支撑手上。作为静力性动作，每一个动作必须保持 2 秒钟，腿必须伸直。

支撑类动作包括分腿支撑、单臂分腿支撑、单臂分腿支撑转体半周、单臂分腿支撑转体一周、直角支撑、直角支撑转体 360°、分腿锐角支撑、锐角支撑、单臂分腿锐角支撑、高锐角支撑、水平肘撑、单臂分腿水平肘撑、单臂水平肘撑、水平支撑、单臂分腿水平肘撑转体半周、单臂分腿水平肘撑转体一周。

2. 最低要求

该类动作的最低要求是：每个支撑动作必须保持 2 秒钟；支撑转体时必须完整；所有的直角支撑动作，腿必须垂直；高锐角支撑动作，后背必须与地面平行；所有的水平支撑动作，身体不能高于水平 45°。

3. 常见错误

该类动作的常见错误有：在动作的任何阶段屈腿；直角支撑转体 360°时，手交换超过 4 次；直角支撑时，腿未夹紧；支撑动作未能保持 2 秒钟；分腿姿态时小于 90°（水平支撑除外）；转体时，自由臂或腿接触地面；转体不完全；腿未与地面平行；水平支撑时，身体或腿未与地面平行，身体倾斜超过 30°。

二、动力性力量

（一）俯卧撑类

1. 一般描述

单手或双手支撑地面，肘关节伸直，肩部平直，垂直于地面，头部处于背部的延长线。屈臂时，肘关节必须保持 45°的最小角度（俯卧撑飞起和俯卧撑转体 360°可允许最小 90°角），俯卧撑的起落必须有控制。

俯卧撑类动作包括侧倒俯卧撑、后倒俯卧撑、单臂俯卧撑、单臂侧倒俯卧撑、俯卧撑飞起、俯卧撑转体一周成俯卧撑、俯卧撑推起空中转体一周成俯卧撑。

2. 最低要求

对该类动作的最低要求是：上臂和前臂的角度不能超过 90°，或胸部与地面的距离不能超过 10 cm；在整个动作过程中，身体必须保持完美的固定伸直姿态；单臂俯卧撑肘关节必须向着脚；侧倒俯卧撑，肘关节必须向侧；所有的侧倒或后倒俯卧撑必须清楚显示四个阶段；侧倒或后倒俯卧撑，两腿必须夹紧。

3. 常见错误

该类动作的常见错误有：不正确的身体姿态；身体离地距离大于 10 cm；起落时，肩部位置不正；抬头或低头；身体任何部位接触地面(除手有脚以外)；单腿支撑时，支撑腿弯曲或腿处于不正确位置；双脚触地时宽于肩。

(二)自由落体类

1. 一般描述

起始位置是站立，身体必须夹紧，头与脊柱为一直线。身体倒向地面，并以俯卧撑姿态结束，落地必须有控制和缓冲。任何旋转都必须出现在身体倒地过程中(边倒边转)，腾空动作手、脚必须同时落地。

自由落体类动作包括：前倒成俯卧撑、前倒成单臂俯卧撑、转体半周成俯卧撑、转体一周成俯卧撑、空中转体一周成俯卧撑、空中转体两周成俯卧撑、团身跳成俯卧撑、前摆转体半周成俯卧撑、俯平衡转体一周成俯卧撑、前摆转体一周半成俯卧撑。

2. 最低要求

对该类动作的最低要求是：在落地过程中，身体必须保持完美的固定伸直姿态；必须在转体出现前清楚地展示倒地动作；空中动作手和脚必须同时落地；所有带转体的自由落地动作，转体必须完全。

3. 常见错误

该类动作的常见错误有：开始或结束时抬头、低头、分腿或屈腿；空中动作手和腿未同时落地(通常合并身体弯曲)；落地时胸触地面；平衡转体和跳起转体时身体未伸直并未与地面平行。

(三)旋腿类

1. 一般描述

开始姿势——双手体前触地，腿的姿态依动作而变化。

旋腿类动作包括：单腿摆越一周、双腿摆越半周、托马斯全旋、双腿全旋、俯卧撑分腿摆越、俯卧撑分腿摆越成直角支撑、俯卧撑分腿摆越转体半周成俯卧撑。

2. 最低要求

该类动作的最低要求是：在完成动作过程中，脚不能触地；圆(半圆或一周)必须完整。

3. 常见错误

该类动作的常见错误有：在动作的任何阶段摆动腿弯曲；在动作过程中，摆动腿接触地面；动作不完全(少于半周或一周)；在伸展阶段臂部未提起；单腿摆动时，摆动腿未与地面平行；全旋时，双腿未夹紧。

(四)屈体类

1. 一般描述

屈体类动作以俯卧撑姿态开始，在动作过程时，臂部提起，因此，头、手和脚相接。屈体姿态要求直腿和直臂。头部必须同手臂和脊柱为一直线。

屈体类动作包括支撑提臀起、单臂支撑提臀起、推起屈体成俯卧撑、推起屈体转体半周成俯卧撑、无支撑提臀起。

2. 最低要求

该类动作的最低要求是：屈体时，腿必须达到垂直位置；在完成无支撑提臀起和推起空中屈体动作时，手和脚必须同时开始，同时落地。

3. 常见错误

该类动作的常见错误有：未完成屈体动作；在动作过程中，臂、腿弯曲；完成空中动作时，手、脚未同时触地；开始或结束时抬头或低头；完成空中动作落地时，胸部触地。

(五)搭肘俯卧撑类

1. 一般描述

搭肘俯卧撑类动作的正确完成要求髋部有极好的柔韧性。所有的动作都是双手支撑，腿处于劈叉姿态，同时完成一次俯卧撑。

搭肘俯卧撑类动作包括纵分腿搭肘俯肘撑、纵分腿俯卧撑、抬起纵分腿搭肘俯卧撑、双腿搭肘俯卧撑。

2. 最低要求

对该类动作的最低要求是：必须完成一次俯卧撑；前腿不能触地；在完成无支撑臂叉俯卧撑时，前腿不能接触手臂；在完成抬起搭肘俯卧撑时，抬起腿不能接触地面。

3. 常见错误

该类动作的常见错误有：当单腿搭在肘上时，腿弯曲或脚处于难看的姿态；抬头或低头；腿搭在三角肌下部；未完成俯肘撑。

三、跳跃

1. 一般描述

跳跃动作是展示极充分的爆发性动作，跳或跃或单脚或双脚起跳，可单脚也可双脚落地，当用双脚落地时，两脚必须夹紧，落地必须缓冲。落地姿势的变化还包括劈叉或俯卧撑。以劈叉姿势落地时，手可触地。纵叉的前腿应膝关节向上，后腿膝关节向下。当以俯卧撑姿势落地时，手臂必须缓冲，身体从头至脚应是完美的直线姿态，并且脚和手必须同时落地。空中保持身体姿态(单个或复合)，除非已阐明，手臂姿势任选。

跳跃类动作包括分腿跳、分腿跳转体半周、分腿跳转体一周、分腿跳转体一周半、分腿跳转体一周成俯卧撑、分腿跳成纵叉，分腿跳成俯卧撑、分腿跳转体半周成俯卧撑、分腿跳转体180°成纵叉、屈体跳、屈体跳成俯卧撑、屈体跳转半周成俯卧撑、跨跳、劈叉跳等。

2. 最低要求

该类动作的最低要求是：屈体和分腿位置至少要达到水平，并且躯干和大腿的角度必须小于90°，单腿分腿跳转体180°成俯卧撑除外；劈叉必须达到170°，剪式跳转体180°，360°成俯卧撑除外；转体必须完整完成；击足跳的主动腿必须水平。

3. 常见错误

该类动作的常见错误有：劈叉中腿的姿势不正确（小于180°）；分腿或屈体姿势不正确；以俯卧撑姿势落地时，手脚未同时触地；俯卧撑姿势不正确；以俯卧撑姿势落地时，手脚未同时触地；以俯卧撑姿势落地时，除手和脚以外的身体任何其他部位触地；脚落地或劈腿落地时没有控制；转体不完全；动作不充分；在做联合动作时，保持身体姿势的能力差；在做分腿、屈体、劈叉跳和空中转体时，双脚未同时落地（劈叉和分腿落地除外）；在做空中转体时，两腿未夹紧。

四、踢腿

1. 一般描述

踢腿须展示极充分的爆发性动作，所有的踢腿动作必须在空中完成（蹁踢腿除外）。

踢腿类动作包括弹踢交换腿跳、剪式跳、后踢跳、蹁踢腿、双蹁腿跳、双蹁腿跳转体半周。

2. 最低要求

该类动作的最低要求是：摆动腿高度不得低于肩（高于150°），后踢跳除外；蹁踢腿必须展示一个完整的圆；所有的踢腿动作都必须在空中完成（蹁踢腿除外）；后踢跳空中必须展示团身和半劈腿姿势。

3. 常见错误

该类动作的常见错误有：落地无控制；幅度小；转体不完整（1/2）；伸展腿高度不够（小于150°，后踢腿除外）；团身姿势不正确；半劈腿姿势不正确。

五、平衡

平衡包括静力性平衡和动力性平衡。

（一）静力性平衡类

1. 一般描述

该类动作完成的主要标准是保持单足平衡姿势2秒钟。静力性平衡类动作包括前扳腿平衡、燕式平衡、前控腿平衡、侧扳腿平衡、侧平衡、侧控腿平衡。

2. 最低要求

该类动作的最低要求是必须保持至少2秒钟；抬起腿至少同肩高；燕式平衡必须水平。

3. 常见错误

该类动作的常见错误有：平衡脚不稳定（无控制）；未保持2秒钟；抬起腿高度低于150°；身体姿态不正确。

(二)动力性平衡类

1. 一般描述

所有的转体必须在同一位置开始和结束,没有移动,并且转体必须完整(360°或 720°),髋部平直无倾斜。

动力性平衡类动作包括:转体一周、转体两周、平衡转体一周、平衡转体两周。

2. 最低要求

该类动作的最低要求是:身体必须处于垂直位置;所有的转体必须完整;平衡转体抬起腿至少同肩高。

3. 常见错误

该类动作的常见错误:未在同一位置开始和结束;平衡或落地时不稳定(无控制);抬起腿高度低于要求;不正确的身体姿态。

六、柔韧

1. 一般描述

在所有动作过程中必须展示完全劈叉(180°),分腿坐肩转 360°成俯撑和劈叉转体除外。腿必须伸直。

柔韧类动作包括垂直劈叉、伊柳辛、无支撑垂直劈腿、无支撑伊柳辛、纵劈叉、纵劈叉滚动、横卧劈叉、横劈腿成俯卧、劈叉转体、分腿坐肩转 360°成俯撑。

2. 最低要求

该类动作的最低要求是:两腿间的角度必须是 180°,分腿坐肩转 360°成俯撑和劈叉转体除外;在完成纵叉滚动时,滚动必须完整;在完成劈腿转体、分腿坐肩转 360°成俯撑、伊柳辛时,圆必须完整;在完成伊柳辛时,转体(360°)必须完全;在完全劈叉转体时,腿必须靠近脸部;在完成分腿坐肩转 360°成俯撑时,腿在开始阶段必须靠近脸部。

3. 常见错误

该类动作的常见错误有:劈叉姿势时屈腿;劈叉开度不够(小于 180°);伊柳辛或分腿坐肩转 360°成俯撑时转体不完全;横卧劈叉时臀部(骨盆)抬起;劈叉转体时腿不能靠近脸部;劈叉转体、分腿坐肩转 360°成俯撑、伊柳辛时不能展示最大幅度的圆。

七、基本步伐

健美操规则不仅规定了难度动作的类型及种类,还对七种基本步伐提出了特殊的要求。

1. 吸腿跳

上体(头至臀)正直,吸腿(膝关节可用不同角度),脚尖必须伸直,正确的落地技术是从脚尖过渡到脚跟,高、低或超低冲击力。

2. 踢腿

只在髋部前或侧运动(允许一些向外旋转),支撑腿可轻微弯曲,踢起腿必须伸直(脚可绷直或弯曲),高、低或超低冲击力。

3. 开合跳

分腿时，髋部外开，膝关节在同方向弯曲，并腿时，脚可平行落地或外开，并腿动作不可突然(要有控制)，落地必须缓冲，高冲击力或超低冲击力。

4. 弓步跳

身体重心必须在两腿之间，脚向前或平行(不行外翻)，膝关节在主力腿的脚上面，幅度可变化，脚后跟不需要着地，高、低或超低冲击力。

5. 弹踢腿跳

低的膝关节伸展跑，膝关节和髋关节运动，伸展要有控制(不生硬)，高冲击力。

6. 踏步

柔软的脚尖到脚跟落地动作，超低冲击力。

7. 跑跳

髋和膝在一条线上，脚在后面，高冲击力。

第三节　竞技性健美操表现力训练

在竞技健美操比赛中运动员的表现力至关重要，它往往是运动员取得比赛胜利的关键所在。一个组合完成的质量高低取决于运动员自身的表现力，一套动作中的音乐、动作强度、编排创造性和多样性以及健美操的特殊内容等方面，只有通过运动员良好的表现力，才能淋漓尽致地展现给观众，最终起到感染观众的目的。

表现力泛指一种表达人的情感、情绪的能力。在竞技健美操中，表现力是指，运动员通过自身所具备的认知力、理解力、观察力、想象力、自信心等，把动作和音乐的内涵转化为自身内在的情感，并借助于身体姿态、技术动作以及面部表情等外部形态持续地表达出来，用以吸引和感染观众的一种能力，它是运动员内在精神气质和外在动作表现的完美统一。表现力的训练方法主要有以下几种。

一、专项技术训练法

专项技术训练是表现力训练的核心部分，没有良好的专项技术和富有激情的音乐、精巧的动作编排或者出众的面部表情，都只是一句空话，无法达到感染观众的目的。专项技术训练法就是利用对于竞技健美操运动员专业方面的训练，从基础着手全面有效地对运动员进行表现力方面训练的方法。对于专业的训练应主要从下面几个方面着手：技术动作训练、身体素质训练、舞蹈训练。

1. 技术动作训练

运动员的技术动作是运动员表达思想、表达感情的首要手段，是一切其他表现因素的基础，由此更显出技术动作训练的重要程度。技术动作训练是指运动员根据运动解剖学、运动生理学、运动生物力学、运动心理学等科学原理及规律，采用最合理、最有效的作业程序和方法。在竞技健美操的训练中，技术动作训练所占的比重最大，它是健美操训练中最为核心的内容。

通过技术动作的训练，可以掌握各种不同类型的操化动作、难度动作，培养动作的感觉、节奏和韵律等基本素质，从而提高动作的质量水平，增强技术动作的感染力，提高运动员的表现力。

在技术动作训练中，可分为基本训练和提高训练两部分：基本训练是指对于运动员基本技能和基本动作的训练。在训练中我们可以进行如健美操基本步伐、徒手体操、健身性健美操、基本动作难度动作以及成套动作组合的练习，以此来增强运动员肌肉本体感觉、运动节奏感韵律感等基本素质。提高训练是在基本训练的基础上进行的，这是复习和巩固基本训练所学内容，熟练掌握并进入高、新、难的动作学习和训练。在此阶段，要加大训练强度、密度，提高训练的熟练性、稳定性、艺术性等方面，以确保比赛中的稳定发挥。

2. 身体素质训练

良好的身体素质既是完美表现力的前提条件，也是提高技术水平的前提。因此，我们对于身体素质的训练必须加强。对于身体素质的训练要从这样几个方面进行：柔韧、力量、协调性、灵敏性、准确性等。

3. 舞蹈训练

舞蹈是一种通过形体动作在一定时间内进行的造型艺术。舞蹈训练是竞技健美操训练的主要手段。同属于表演项目的舞蹈，对于运动员表现力的提高有着很大的帮助，通过舞蹈动作中的基本站立、走步、跑步、跳步、平衡、转体、把杆、波浪动作以及芭蕾舞、古典舞、现代舞等的练习，可以训练运动员正确的姿态，优美的形体，加强各部位的协调性，关节肌肉韧带的柔韧性与灵活性，培养运动员的节奏感、韵律感，提高音乐感受能力、对动作的理解能力、肌肉运动感觉能力等。

舞蹈训练的形式有把杆练习、单一舞蹈基本动作以及舞蹈组合动作练习。把杆练习主要是训练运动员身体各个部位肌肉的运动感觉；单一基本动作练习主要是训练身体各关节的灵活性，上、下肢配合的协调性肌肉运动感觉，动作风格和表现力等；舞蹈组合动作练习通过采用爵士舞、迪斯科等现代舞蹈，综合地训练运动员的协调性、灵活性、节奏感、音乐感、肌肉运动感觉。

人体是一个整体，各项素质的发展要相辅相成，需注意素质的全面发展。素质训练要注意与技术训练、舞蹈训练有机地结合起来，使素质训练辅助于其他训练，并在训练中注意动作的幅度、速度、节奏及练习强度。只有全面地进行练习，才能够有效地提高运动员的表现能力。

二、观察法

运动员的表现力是通过外在形式表达出来的，对于外在的形式我们感受的主要途径是通过观察来实现的。通过视觉感受，我们可以对运动员的表现进行评判，也才能感受到运动员的吸引力、感染力以及个人的魅力，因此细致的观察在健美操表现力的训练中占有着不可替代的作用。

观察法就是指，借助于外部媒介进行直观观察，并从中寻找不足，进行改正，以提高运动员表现力的训练方法。依据实际的条件，在观察法中我们通常采用录像观察法和镜面观察法。

1. 录像观察法

录像观察法是指运用摄影摄像等现代化设备来协助训练的方法。这种训练的方法，实际上就是借助外部媒介对运动员的表现予以记录，然后直观地反映出来，让运动员进行观察、比较，找出不足，逐渐提高的方法。通过录像观察，可以更为直观地了解自身动作中的不足之处，有利于改正动作和进一步的学习，培养运动员的观察能力，发挥运动员的主观能动性。录像可以打破时间的局限性的特性，将瞬时发生的时间记录下来，可以进行反复的揣摩：动作是否协调、是否到位、是否有力度、是否具有节奏感、是否优美，面部表情的展现是否合理、自然、恰到好处，等等。通过对比，找出自身的缺点，加以改善，提高实际能力。

2. 镜面观察法

镜面观察法是运动员在镜子前对技术动作、身体姿态、面部表情等方面训练进行观察的一种方法。镜面观察可以分为技术动作的训练、身体姿态的训练和面部表情的训练。在实质上镜面观察与录像观察完全相同，都是通过视觉感受来进行观察训练。镜面观察是一种既有效又实际的训练方法，在没有录像设备的条件下我们通常采取镜面观察。运动员通过对于在镜子中自我表现的评价，依据自身的感受，主观感觉对技术动作、形体姿态、面部表情进行相应的调整，从而达到理想的效果，增强自身的表现能力。

三、表情法

在技术动作训练、形体训练等方面的训练完善之后，对于表现力影响最大的就是运动员的面部表情。在动作技术相差不多的情况下，运动员的一个眼神，一个微笑，或者是一种伴随着音乐而引发的富有激情的表情变化，都会给裁判和观众以深刻的印象，从而决定着运动员的比赛成绩。

表情法，即有意识地改变自己面部表情的方法。通过对于自身面部表情的训练，可以有意识地控制自身的面部表情的变化，即使在紧张状态下，也能够控制自己的面部肌肉，展现出灿烂的微笑，达到感染观众的目的。这种训练，一是在平常对着镜子训练自己的面部表情，如对着镜子做出各种不同的表情，锻炼和控制自己脸部的肌肉，同时感受哪一种表情是最吸引观众的，是最能够打动裁判的，进行反复训练；另一种就是在比赛中通过对于面部表情的调节，来调整自身竞技状态的方法，如在比赛前情绪紧张而感到焦虑时，可以有意识的放松面部肌肉，用手轻搓面部，使肌肉有一种放松感。当心情沉重或低落时，可以有意识地做出笑脸，强迫自己微笑，假使做不到，也可以看看别人的笑脸，或者想一想自己过去最高兴的某件事。这些都可以用来调节自己的情绪状态，从而达到控制面部表情的目的。通过这种方法，可以控制自己的面部表情，在比赛中表现出最令人满意的状态。

在表情法中，对于运动员眼神的控制是很重要的一个方面，具体方法如下：①眼球和眼肌的训练：舒眉展眼，摆眼球（横摆、竖摆、慢摆、快摆），转眼球（正向、反向、慢转、快转），放光与缩光（慢放慢缩、快放、快缩、快放快缩）；②眼睛素质的训练：笑眼、哭眼、羞眼、迷眼、恨眼、睡眼、怒视、傲视、环视、怯视、放光凝视、缩光凝视、关切、询问、畏惧、寻觅、焦急、央求、怀疑、惊喜、示意、会意等；③眼睛与音乐、动作相结合的训练：羞眼、怒视、盲眼、畏惧、焦急、陌生、寻觅等。通过这种方法的训练使得运动员的眼部周围肌肉得到充分的锻炼，从而使运动员的眼睛更加富有神采，在控制好自身身体姿态的同时，再加上富有感染力的眼神，运动员内心的情感就可以充分地表露出来，达到内外合一的效果，以此来增强运动员的表现力。

四、培养法

培养法是指对于运动员兴趣爱好、音乐修养等方面的综合培养。表现力不是单一的能力，它是一种综合能力的体现，对于运动员表现力的训练我们也应全面考虑，不要只注重运动员专项技能，认为只要技术动作达到了高水平就可以取得优秀的成绩。只有一个全面发展的运动员，才能够在比赛中表现出良好的技术状态。我们要注意对于运动员综合素质的培养，提高运动员的综合能力，使表现力由内而外地自然流露出来。

1. 运动员兴趣的培养

兴趣是个性倾向性的重要组成部分，就其内容来讲，兴趣可以是稳定的或不稳定的、广泛的或专一的。对健美操而言，运动员对从事该项目有稳定和专一的兴趣，可以唤起运动员训练和比赛的积极性、坚定性，从而更好更快地学习技术。广泛的兴趣爱好对于全面提高自身的艺术修养有着积极的促进作用，艺术修养的提高有利于完善表演水平，提高表现力的效果，增强感染力。

对于兴趣的培养不应该是单单对于健美操的兴趣，而应是对于广泛兴趣的培养。这样会有助于运动员全面培养艺术修养，提高审美情趣，形成良好的形象思维能力，如唱歌、跳舞、读书、绘画、书法、收藏等，以此来全面地提高个人修养，提高运动员的表现力。此训练方法的有效性并不能直观地证明，需要通过运动员的实践，有一个潜移默化的过程，因此作为实践者的运动员自身，对于此训练有效性感受比教练员更深一层。此训练更受运动员的认同，从这一点来讲，运动员与教练员之间存在着一定的差异性，应加强教练与运动员之间的沟通。

2. 音乐修养的培养

音乐是健美操的灵魂。如果运动员对于音乐缺乏感受能力，不理解音乐所要表达的内涵，就无法把它表现出来，不能掌握音乐的节奏，动作的节奏就不可能显现出来，因此运动员对于音乐的感受能力起着至关重要的作用。通过对于乐理知识的学习，可以明白音乐的创作，通过倾听音乐会，可以感受音乐，提高自身的感受能力。经常听各种类型的音乐，并根据音乐联想到某个故事情景或某个景色，才能更准确地根据音乐表达出情感，表现音乐。要求经常静静地听音乐，并揣摩它的含义，认真分析音乐结构，思考如何表现音乐。

五、鼓励法

鼓励法是一种心理方面的训练。心理训练，就是指培养和完善运动员完成专项训练及竞赛任务所必须的各种心理素质和个性心理品质的教育过程。在健美操这项运动中，心理训练一般包括运动员的情绪、意志训练、个性训练、学习和掌握动作过程的心理训练以及比赛的心理训练等，通过这些训练来增强运动员的心理承受能力、随机应变、自信等良好的心理素质，以利于运动员充分表现自我达到增强表现力的作用。在此采用的鼓励法是指，教练员通过语言或动作等多种形式的鼓励，来对运动员进行激励的一种训练方法。

运动员训练的推动力之一就是对于嘉奖的渴求，有时对于嘉奖的饥渴甚至要比身体对于营养的需求还要强烈，人们对于表扬的渴求是无尽的。鼓励可以给人以自信，通过教练的表扬，使运动员认为自己的表现取得了成功，得到了教练的认可，从而更加激发了运动员勇于训练的激情，使得运动员更快、更好地掌握技术动作，发挥更高的水平。对于表现力来讲，运动员最需要的就是比赛时的自信，这种自信是在平常的训练中不断积聚起来的，教练员每一句鼓励的话语、每一个表示满意的动作都会使运动员兴奋，从而建立自己的信心，提高表现力的水平。

在编排中加上易让人兴奋的口号和极具表现力的动作，可提高队员的感染力。

语言方式法：在运动员完成成套动作的同时给予激励的话语，鼓励其提高的方法。如"加油！""自信一点！""再大胆一点表现！""好的，有进步！"等此类的话都有助于运动员提高自信心。同样，如在运动员上场之前，鼓励其"记住，你是最棒的！"等诸如一些具有诱发力的话也可以对运动员有所帮助。

六、模仿法

模仿法是指根据实际的需要进行相应的模仿来对运动员进行训练的方法，如对于比赛的模仿或特定场景的模仿等。常采用的模仿训练方法有模拟训练和情景模拟两种。

模拟训练：是使用接近比赛的实际情况进行实战练习，以提高运动员对比赛的适应能力的心理训练方法。在表现力方面，通过模拟训练，运动员一方面可以增强自信，对自己的实力有所了解；另一方面，也可以对模拟训练中出现的问题做出纠正，以达到预防运动员赛前不良的心理状态的发生，提高心理稳定性和应变能力，提高自身的表现能力的目的。

情景模拟：是设定一个特定的场景对运动员进行训练的方法。在训练中，可以任意指定一个场景，让运动员运用肢体语言进行相应的表演，如模拟动物的姿态，模拟一棵小树在狂风暴雨中的形态，模拟一艘小船在大浪中的表现，以及生活中的某个场景，等等。

1. 模拟比赛环境

(1)在日常的训练场地上按正规的比赛要求划线，设置虚拟的主席台，让学生在练习套路时按照正规的比赛步骤进行。

(2)点名上场，下场报分，使学生在逐渐适应的基础上消除对比赛的恐惧感。将比赛的过程和情景更好地融入日常的训练，减少学生对比赛的心理压力和焦虑。

【要　求】学生应以正确的态度对待这种训练，注意学生的反应与发挥水平，并进行有针对性的指导。

2. 设置环境训练

将训练的地点放在不同的场馆或改变平时训练的方向，变化训练的时间和场地，有意识组织学生观看各种类似的比赛，消除学生的陌生感。使学生不管在任何环境、任何时间和场合，都能正常发挥自身的水平。

【要　求】注意学生对环境场地改变后适应的程度。

七、组合训练

1. 激情组合训练

情绪调动训练：利用某一段经典的艺术表现形式来调动学生的训练方式。如播放一段优秀健美操运动员的比赛实况，以引起学生学习的兴趣，从而使其更积极地投入训练状态。

2. 自信组合训练

在日常训练中，教练要经常教给学生在做动作的过程中保持正确、优美的身体姿态和良好的表情以及自信的眼神。只有这样，才能将健美操青春向上、自信健康的精神体现出来。

3. 风格表演组合训练

选取几段有明显特色的音乐，配合相应的想象动作集体训练，以达到动作与音乐充分融合的训练方法。

八、状态调节法

比赛前情绪紧张、焦虑等不良反应是竞技健美操表现的大敌。由于紧张，挤出来的表现也是生硬的。以下是几种赛前状态训练调节。

1. 鼓励调节

领队或教练员用称赞和忠告的语言对运动员心理活动施加影响，使运动员从紧张和不安中解脱出来。解除紧张情绪，运动员才能更好地从容地表现自我。

2. 自我调节

运动员通过对自己的暗示，如“镇静、镇静、镇静就是胜利”，“我相信自己的力量”，“我一定会取得胜利”等暗示语，增强自己的信心，稳定情绪，提高自信心，更好地表现自我。

3. 呼吸调节

比赛前做深呼吸可以使运动员的情绪波动稳定下来。当情绪紧张、激动时，可采用缓慢地进行呼气和吸气练习，达到放松情绪的目的。当情绪低沉时，可采用长吸气与有力的呼气练习，提高情绪的兴奋水平。以此来进行自我调节，稳定情绪，提高自信心，更好地发挥和表现自我。

第四节　竞技性健美操成套动作训练

一、单人项目成套动作训练方法

1. 先分解后完整训练法

首先将成套动作的难度动作和操化动作分开进行训练，然后再进行完整的成套动作训练。下面以首先进行难度动作再进行操化训练为例。

(1)难度动作训练：一般采用柔韧及变化类、跳与跃类、静力支撑类、俯撑类等难度顺序进行，也可根据运动员的身体状况，教练员安排完成。在一堂训练课上先训练运动员能熟练完成的难度动作，让运动员能够巩固已掌握的难度动作技术要领，再进行运动员还不能完全熟练完成的难度动作，这是难度动作训练的重点，应花大量的时间进行这些难度动作的技术要领和身体素质训练，直到运动员能够独立完成成套动作中的所有12个难度动作。

(2)操化动作训练：教练员根据运动员自身特点及表现风格，编排适合该运动员的操化动作。在训练时首先训练运动员对操化动作的熟练性和动作规格的标准性，然后进行对该套操化动作内涵风格的理解训练，使运动员能够更好地表现操化动作的风格特点。

(3)难度动作与操化动作结合训练：进行竞技性健美操成套动作训练。首先进行12个难度动作与12个8拍操化动作结合的训练，即做1个8拍操化动作接1个难度动作。将这种结合训练完成后再进行整个成套动作的训练。

(4)配合音乐完整训练：首先可以配合一般的健身性健美操音乐进行成套动作的训练。可以选择速度适中的音乐，主要提高运动员动作的熟练性，运动员动作熟练性提高后再配合竞技健美操音乐进行训练。

训练要求及注意事项：①在进行第一步难度动作训练时，运动员练习已能熟练掌握难度动作时着重体会和巩固动作技术要领，保存一定的体力进行不能熟练完成的难度动作训练。同时注意保护和帮助进行训练，以防训练受伤。②在进行第二步操化动作训练时，首先进行动作规格和熟练性训练，包括动作的速度、力度、幅度及方位等。注意运动员的动作不足，进行动作细化训练。然后要求运动员理解体会动作内含，再进行操化动作的表现训练。③在进行成套动作完整训练时，要求运动员先在教练员的口令指挥下完成动作。然后再配合音乐进行训练，音乐速度可采用由慢到快的模式。

2.先分段后成套训练法

首先将竞技性健美操成套动作分成若干段进行训练，然后再进行完整的成套动作训练。

(1)4×8小节训练：首先可将成套动作划分为4个8拍一小段，运动员在教练员的口令指挥下只作4个8拍动作，第一个4个8拍动作熟练完成后，再进行第二个4个8拍动作的训练。依次类推直到整套组合动作全部完成。

(2)8×8小节训练：当运动员完成4×8小节训练，能够将整套组合动作完整做下来后，再将成套动作划分为8个8拍一小段进行训练。运动员在教练员的口令指挥下只做8个8拍动作，第一个8个8拍动作熟练完成后，再进行第二个8个8拍动作的训练。依次类推直到整套组合动作全部完成。

(3)16×8小节训练：当运动员完成8×8小节训练，能够将整套组合动作完整做下来后，再将成套动作划分16个8拍一小段进行训练。运动员在教练员的口令指挥下只做16个8拍动作，第一个16个8拍动作熟练完成后，再进行第二个16个8拍动作的训练。依次类推直到整套组合动作全部完成。

(4)依次类推进行，将成套动作划分为32个8拍一小段进行训练，直到一次性完成整个成套动作的训练。

训练要求及注意事项：此训练方法属于循序渐进训练法，在训练过程中要求运动员和教练员不要急于求成，按照此训练方法一步一步地进行训练。教练员注意细抓运动员每个8拍的动作，运动员应注意将每个8拍动作做清楚。

3. 间歇训练法

采用间歇训练法提高运动员的动作熟练性和肌肉及身体各器官系统的耐受力。首先运动员在教练员口令的指挥下完成整套成套动作，此时教练员的口令速度可适当慢一点，在运动员完成全套动作后，给运动员1～3分钟的休息时间进行间歇调整，再进行第二遍的成套动作训练。第二遍成套动作完成后，给运动员5分钟的休息时间，然后进行第三遍的成套动作训练。当运动员适应了此练习的强度时，以健身性健美操的音乐，用同样的间歇时间进行训练，以提高练习的强度。最后再配合竞技健美操音乐以同样的间歇时间进行成套动作训练。

训练要求及注意事项：用此方法进行成套动作训练时，要求运动员尽全力完成所有难度动作以及操化动作，不能比划动作，应尽力表现动作，就如同在进行比赛一样。同时，也要求教练员准确把握间歇时间，如间歇时间太长，则达不到体能训练的效果。

4. 念动训练法

(1)首先在运动员完成成套动作前，在教练员的示范引导下，集中注意力在大脑中形成所学操化动作的动作形象和动作顺序、难度动作的动作技术要领、动作结构、发力顺序和方法等。描绘自己在完成成套动作训练比赛中的合理技术动作和注意力的分配。然后把自己想象的内容与实际训练结合起来，在完成成套动作训练时，根据训练前想象的内容做动作。

(2)想象在完成成套动作时，精力充沛，动作幅度大，动作方位准确能控制，姿态优美，动作干脆利索有力度，感染力强，自始至终的状态良好。周围的观众全为你的表现所吸引，全场的对手被你所超越，场外观众全为你加油，自己充满必胜的信心。

训练要求及注意事项：①在进行念动训练时要求运动员必须集中注意力，在大脑里形成一定的动作形象，能够对大脑进行一定的刺激才能产生训练效果。②念动训练结束后，运动员要注意充分的放松，做几次深呼吸，充分放松你的思想，不对大脑形成太大的压力。

5. 模拟比赛训练法

采用模拟比赛训练，应有意识地制造一些模拟比赛场喧闹的气氛，如击物声、鼓掌、呼叫、吹哨等，或模拟正式比赛的裁判评分，组织观众参观等环境气氛。在模拟比赛中如果运动员出现因紧张而造成遗忘动作时，必须训练运动员主动地以其他动作做弥补，培养其随机应变的能力。

训练要求及注意事项：在进行模拟比赛训练时，教练员应尽可能地想到真正的比赛场上可能出现的问题，提高模拟的真实性以及有效性。同时，教练员应掌握运用该训练方法的时间，一般在参加比赛前两周进行，如运动员心理素质特别不好，可适当多进行几次模拟比赛训练。运动员应抓住机会进行锻炼，在模拟比赛上充分表现自己的能力，仿佛自己就在真实的比赛现场一样。

6. 信息反馈训练法

在进行成套动作训练时，运动员将自己的训练感受主动向教练员报告，包括训练的情绪状态、身体健康情况、受伤情况等影响运动员进行成套动作训练的信息，都应向教练员报告，教练员听取运动员的报告后，对实际情况进行分析，再制订适合该运动员此阶段的训练计划。例如，某运动员因为生活上的某些事情而训练情绪不高，教练员了解后，首先可对运动员进行开导教育，并改用更有感染力、更激烈的音乐配合该运动员的成套动作进行训练，以提高运动员的训练情绪。再例如，某一运动员的腕关节受伤，此时运动员应主动向教练员报告伤病。教练员知道情况后，可要求运动员在进行成套训练时不做腕关节用力的难度动作，根据具体情况制定训练计划。

训练要求及注意事项：此训练方法要求运动员和教练员积极配合，运动员将自身的真实情况告诉教练员，不可隐瞒真实的情况或编造谎言欺骗教练员。教练员应该相信运动员的反应情况，不可一意孤行，强迫运动员进行不科学的训练。教练员应坚持具体问题具体分析的原则，了解运动员的具体情况，用科学的训练方法进行训练。

二、集体项目成套动作一致性训练方法

1.竞技健美操操化动作的一致性

健美操在一定意义上可以说是以身体各关节的灵活性、肌肉的弹性、韧带的伸展性为基础的，在身体各部位的参与下进行的一种运动项目。严格意义上说，是在身体标准姿态控制技术基础上的有节奏的弹动技术。竞技健美操操化动作是竞技健美操一致性的重要表现方式，通过竞技健美操操化动作能极大地体现竞技健美操一致性的程度。健美操操化动作包括基本步伐与上肢动作。健美操的下肢动作特别是健美操的步伐十分重要，国内外对健美操步伐的分类有许多种方法。其中比较适合竞技健美操的是国际健美操联合会的分类方法，即把健美操步伐分为七大类：吸腿跳、开合跳、弓步跳、踏步、后踢腿跳、弹踢腿跳、踢腿跳。竞技健美操上肢动作包括上肢的屈、伸、外展、内收、外旋、内旋、绕、绕环等组合而成的一系列不对称动作。竞技健美操要求上肢动作与基本步伐协调配合，共同组成完美的操化动作，竞技健美操集体项目更要求所有队员以一致的操化动作作为一个整体完成表演。

竞技健美操操化动作的一致性训练可以从动作与音乐的合拍训练开始。竞技健美操规则中有明确规定：成套动作过程中，运动员要跟着音乐节拍完成健美操动作组合、难度动作、过渡动作或托举。音乐本身是成熟、独立的艺术形式，它有声无形，最擅长表现事物的运动性特征以及传达人们的思想感情。而健美操动作则有形无声，单一的健美操动作就像无声电影的一个个镜头，无声虽有动感但并不完美，只有将音乐艺术的“声”引进健美操动作的“形”中，使单纯用一种感官感知的动作成为运用两种感官复合感知的健美操，才能充分表达出其内涵所在。使健美操动作与音乐高度一致是健美操运动的内在要求，更是竞技健美操集体项目一致性的重要表现。试想一下，集体项目中所有队员的操化动作均与音乐节奏一致，那么所有队员的操化动作也就达到了一致。因此，在竞技健美操集体项目训练中，教师应适当给运动员讲解音乐有关“节拍”的知识，指导学生理解音乐的节奏，提高乐感，以便于运动员以音乐节奏为标准完成操化动作，使整体操化动作达到一致。

2.竞技健美操难度动作的一致性

竞技健美操难度动作分为四大类：A类，俯卧撑、旋腿与分切、倒地；B类，支撑类；C类，跳与跃；D类，柔韧与变化。竞技健美操成套动作要求有12个难度动作。竞技健美操集体

项目难度动作不仅反映了运动员的竞技能力，而且在很大程度上反映了集体的整体竞技能力与一致性。根据难度动作的力学特征，我们可将难度动作分为动力性难度动作与静力性难度动作。我们会发现在竞技健美操集体项目中，动力性难度动作与静力性难度动作在动作要素一致性要求中各有所侧重。在动力性难度动作中，如：A类，旋腿与分切中的托马斯全旋；C类，跳与跃中的科萨克跳；D类，柔韧与变化中的依柳辛，它们侧重于要求动作要素中的身体姿势、动作轨迹、动作速度、动作速率的高度一致。而静力性难度动作中，如：B类，支撑类中的分腿支撑；D类，柔韧与变化中横劈腿，它们则侧重于要求身体姿势、动作时间、动作节奏的高度一致。另外，还有相当一部分难度动作既包含动力性动作，又包含静力性动作，如：A类，旋腿与分切中的直角支撑成仰撑；A类，倒地类中的燕式平衡跳成俯撑。它们既要求注意动力性动作侧重的动作轨迹、动作速度、动作速率的一致性，又要求注意静力性动作侧重的动作时间、动作节奏的一致性。

在竞技健美操集体项目难度动作训练中，我们应该抓住难度动作的特点分类，进行针对性训练。对于动力性难度动作，我们注意动作轨迹（轨迹形状、轨迹方向、轨迹幅度）、动作速度的一致性训练；对于静力性难度动作，我们重点注意动作时间、动作节奏的一致性训练；对于既包含动力性动作又包含静力性动作的难度动作，我们重点注意分清动作不同环节归属于动力性动作还是静力性动作，然后分类进行训练。

3. 竞技健美操衔接、过渡与连接的一致性

在竞技健美操一致性训练中，往往衔接、过渡与连接是最难一致的环节，因此在竞技健美操集体项目训练中，加强衔接、过渡与连接的一致性训练十分必要。衔接：是指基本步伐及上肢动作之间的连接。衔接的一致与动作编排有很大关系，合理的编排可使衔接流畅自然，从而使集体项目中队员的动作容易一致。过渡：是指空中、地面动作之间的相互转换。竞技健美操规则中明确要求表现高强度动作的能力，那就少不了空中、地面动作的多次转换，集体项目中空中、地面动作转换的一致有赖于动作编排的合理，但更重要的是依靠队员高水平的整体竞技能力。连接：是指基本步伐、动作组合、难度和托举之间的连接。好的上肢动作的连接体现在上个动作的结束，便是下个动作的开始。流畅是连接一致的前提。健美操动作组合、难度动作、托举、过渡或动作从一个平面转到另一个平面，这些动作必须以动力性的方法相互连接在一起，而不能突然中断下面动作的连续性。只有使连接流畅，才会有一致的连接。在竞技健美操一致性训练中，应充分注意衔接、过渡与连接的流畅性，尽量避免衔接、过渡与连接时的停顿、间断。多利用镜子进行对镜练习，及时发现问题与改进技术，并进行重复练习，使错误技术得到纠正与正确技术得到巩固。

4. 竞技健美操表现力的一致性

竞技健美操规则中明确规定：成套动作中运动员运用自己的技巧显示出热情、活力、魅力、情感以及适宜的外表和非凡的气质，并传达给观众，以捕捉观众的注意；运动员能够持续地通过目光、真诚自然的面部表情和身体的活力与观众交流，而非用喊叫来体现；运动员在成套动作过程中，包括难度动作的完成均具有自信的表现。假如运动员改变面部表情，表现出担忧、害怕或无安全感，这种态度将造成活力水平和动作准确性的降低。即使运动员没有失去与观

众的目光接触，他仍然在这特殊的时刻传递了一种缺乏自信的情绪。竞技健美操集体项目要求所有队员均表现出高度的热情、活力、自信，保持与观众的交流，即表现力的高度一致。如果一名或几名队员由于某些原因没有表现出热情、活力、自信，没有保持与观众的交流，甚至表现出担忧、害怕、缺乏自信，那么这便使整体的表现力不一致，会使集体项目所表现出来的竞技水平大打折扣。因此，在竞技健美操集体项目中表现力的一致性尤为重要。

队员们应保持乐观、积极向上的情绪，对于情绪低落的队员应发挥团队精神，充分调动他的积极性，克服他的畏难情绪。组织队员进行队员之间的表现力表演的观摩，不失为一个提高队员表现力，促进整体表现力一致的好办法。通过组织表现力较差的队员观看表现力较好的队员的表演，调动他们表现的欲望，提高他们的表现能力；通过组织表现力较好的队员观看表现力较差的队员的表演，使他们避免犯同样的错误，同时使他们有针对性地帮助表现力较差的队员提高表现力，从而促进表现力一致性水平的提高。

5.竞技健美操技术风格的一致性

所谓技术风格是指运动员或运动队的技术系统，区别于其他运动员或运动队的技术系统的较为成熟和定型化了的、经常表现出来的特征。世界上任何艺术创作都力求形成一种风格，以显示艺术家的独特风貌。独特的风格是每一位艺术家终身为之奋斗和追求的艺术理想，健美操也是一样。纵观国际重大健美操比赛，没有一名运动员或是运动队不是力图通过动作反映出自己的独特个性和抒发内心情感的，都想尽量通过动作流露出与众不同的独有风格。运动员的技术风格愈是鲜明，愈是独特，其审美的艺术魅力愈是强烈，表明运动员的动作愈趋成熟。竞技健美操集体项目不仅要求队员表现出鲜明的技术风格，更要求这种技术风格的一致性，一致的技术风格使整个集体如同一人在场上表演，使技术风格得到更加强烈的表现。与之相反，集体内部队员虽均有技术风格，但风格不一致，这便使整体技术风格难以表现，而且给人以杂乱无章的感觉。

运动员的动作风格在哪里？当然是蕴涵在动作之中，它如同空气在流动，和谐而自然地布满于构成成套的每一个动作的细节之中。健美操运动员技术风格的形成是一个复杂的、长期的、缓慢的过程，它涉及到的因素有主观的，也有客观的，有先天的，也有后天的。我们首先应该把动作风格看作是运动员本人的才智、天赋、气质、综合修养（思想修养、文化修养、艺术修养）、审美情趣和身体素质的集中反映和必然显现。技术风格与运动员的精神面貌有着密不可分的关系，这是显而易见的。可以毫不夸张地讲：运动员的情感在动作中的自然流露，对于动作风格的形成起着至关重要的作用。运动员动作风格的形成，是用心灵发现和创造的，只有具有美的感受才会有美的创造。在健美操艺术家的心里，做动作是融入感情的。所谓动作中的情，其实就是凝意练形的过程，就是运动员内心激情的外化，就是用动作的形象、动作的幅度、动作的节奏、动作的连接、动作的编排、动作的韵律等表现自己对动作的独特理解和感受，达到凝意之目的。总之，运动员先天气质风度与后天品格修养自然地流露于所做的动作之中，就形成了特定而独有的动作风格。

竞技健美操集体项目要求整个集体具有鲜明的技术风格，以区别于其他运动队，并用独特的艺术魅力撞击观众和裁判的心灵。竞技健美操集体项目又要求集体内部技术风格的高度一致，只有一致的技术风格才能使集体技术风格得到强烈的表现。然而，世界上任何事物都具有自己的个性，竞技健美操集体项目内部每个队员都有自己的特点，相同的动作，不同的队员所达到的艺术效果是存在很大差异的，而这种差异的存在，往往不是技术上的，更重要的是在于运动员对动作理解的深度上，这是由每个运动员的生活经历、兴趣爱好、审美观点、综合修养、个性特征等所决定的。在竞技健美操集体项目训练中，使集体具有突出而鲜明的技术风格并非易事，我们应该有意识地注意每个运动员的后天品格修养的培养，提高他们的审美能力与艺术修养，除了在不断的运动实践中逐渐提高外，还必须善于从文学、诗歌、哲学、音乐、舞蹈、书法、绘画、戏曲、杂技、雕塑等艺术中汲取营养，借以提高自己的识美能力，只有将这些运动实践以外的功夫与运动技巧相互渗透，融为一体时，才能使运动员对动作的理解得到提高并趋于一致，才能孕育出回味无穷的动作意境，熔铸出优美动人的一致性的技术风格。

具体训练方法包括：

1. 口令训练法

(1)目光的一致性训练。首先可以要求运动员同时盯住一个目标不动，进行目光定位的一致性训练，要求运动员用同样的眼神，表达同样的感情。教练员注意观察运动员目光是否一致，眼神表达内容是否统一。然后再进行目光移动的一致性训练，教练员首先要求运动员盯住同一个目标不动，然后运用口令要求运动员移动目光同时盯住另一个目标，提高运动员目光移动速度的一致性。

(2)动作幅度和角度的一致性训练。首先根据教练员口令指示，在镜子前，几名运动员同时开始做动作，先一拍一停顿，固定每一拍的动作，包括从起始位置身体各部位的形态，到结束位置身体各部位的形态。每拍动作都进行定位的训练，使运动员形成良好的动作空间感。然后加快口令速度，4 拍一停顿，要求每位运动员的动作与每拍口令相吻合，训练运动员动作幅度和动作速度的一致性。然后离开镜子，只听教练员的口令做动作。最后再配合音乐完成动作。

(3)动作速度的一致性训练。首先可以通过教练员的口令提高运动员的反应能力，要求运动员听到口令后同时开始做动作，即训练动作开始的一致性。如教练员喊“1”时，运动员同时快速双臂前平举；教练员喊“2”时，运动员同时双臂快速侧平举等练习形式。然后加强运动员的控制能力训练，即动作结束的一致性。控制能力的提高以身体素质的加强为基础，运动员应多进行四肢的力量训练。通过训练动作开始的一致性和动作结束的一致性来提高动作速度的一致性。

(4)身体位置的一致性训练。在集体项目中，身体位置的一致性指的是在进行成套动作训练时运动员之间的身体距离的一致性。其训练方法是，首先进行一些简单的步伐移动，训练运动员之间的身体距离一致性，规定运动员之间的间隔距离，要求运动员始终保持这一距离做动作。如规定运动员之间间隔一臂距离进行身体位置的一致性训练，在做动作前测量好运动员之间的相对位置，在运动员做完步伐组合动作后再进行运动员之间相对位置的测量，看运动员之间的距离是否仍保持着一臂距离。反复进行练习直到运动员能有效控制与其他队员的相对位置时，再进行复杂的步伐移动训练，最后完成竞技健美操集体项目的动作组合。

(5)手型脚位的一致性训练。竞技健美操动作包括许多手型和脚位的变化,集体项目的一致性同样也表现在运动员手型和脚位的一致性上。训练其手型脚位的一致性时,首先进行单个动作的姿态训练,将在成套组合动作中出现的手型和脚位单独提取出来进行训练,直到每位运动员都能准确完成,再结合成套动作进行训练。

(6)腾空高度的一致性训练。腾空高度的一致性是体现运动员难度动作完成的一致性中最重要的一点。首先应进行起跳动作的训练,统一哪一条腿上步,哪一条腿起跳,保证一致的发力方式。教练员运用口令“1”、“跳”,做上步起跳的练习。然后进行原地纵跳训练,要求运动员同时尽力向上跳,寻找几名运动员的弹跳能力差异,要求弹跳能力强的运动员稍有控制地起跳,弹跳能力差的运动员尽力向上起跳,减少几名运动员腾起的高度差,保证腾空高度的一致性。最后再完成有腾空高度的难度动作训练。

(7)转体速度的一致性训练。难度动作中有许多体现运动员转体能力的动作,在进行转体速度训练时,首先要注意起动及转体频率的一致性训练。以支撑类转体的训练为例,首先进行运动员从地面上做起支撑动作一致性训练,要求运动员同时撑离地面。然后进行运动员原地支撑倒换手移重心的频率训练。当运动员能同时同步完成倒换手练习时,再进行支撑转体训练,开始训练时规定转体 360°倒换手 4 次,每转 90°倒换手一次。随着运动员训练水平的提高,可减少倒换手的次数。

训练要求及注意事项:这些一致性训练多采用教练员口令训练,所以要求教练员掌握一定的口令运用训练技巧,能够灵活自如地运用口令。同时也要求运动员一切行动听教练员的口令指挥。教练员一开始运用口令时速度应稍慢一点,一拍一拍地细化每位运动员的动作规格,然后才逐步加快口令速度。运动员在做动作时应尽力将自己的动作与每拍口令相吻合。

2. 电视录像分析法

【训练方法】这也是训练运动员动作一致性的一个重要方法,运用电视录相机将运动员进行成套动作训练时的情景拍摄下来,然后组织运动员们一起进行观看,让运动员了解自己的动作情况,了解自己与其他队员的动作差别,知道自己的不足,在以后的训练中有针对性地进行某些动作的训练。教练员也应运用自己的专业知识分析运动员们在集体项目中的表现,分析每位运动员的与其他运动员动作不一致的原因,包括动作角度、动作速度、动作幅度、腾空高度及转体速度等,让运动员明白自己的不足,以便加以改正。

训练要求及注意事项:在运用电视录像分析法进行训练时,教练员必须注意观察运动员的每一个动作规格及与其他运动员的动作差别,运用专业知识分析原因。并每隔一段时间拍摄一次,比较每次训练的效果直至达到理想的一致性效果。

3. 配合训练

【训练方法】在集体项目中,成套动作必须体现动力性的身体配合和托举动作等配合动作,在进行配合训练时,首先采用一些比较简单的专业辅助性练习,增加运动员之间的默契感,例如,简单的舞步配合练习和简单的动力性配合。然后逐渐加大难度进行训练。默契感的形成也依靠运动员平时的相互了解,在日常生活及训练中,运动员之间应加强来往。

训练要求及注意事项:配合训练前期,主要进行运动员间的默契感训练,教练员在平时的日常生活中就应注意培养，当队员之间的默契感形成后，进行专业的配合训练。在进行配合训练时，教练员应注意保护和帮助，首先在垫子上完成，直到运动员配合成功率较高时再到地面上完成，以防运动员受伤。

4. 交流训练

【训练方法】首先进行音乐表达的一致性训练，运动员们听到音乐后，通过自己的理解用同样的目光将音乐的内容表达出来，尽可能地达到目光表达的一致性。然后进行运动员之间的目光交流，运动员们相互观看表演，了解搭档队员的优缺点，统一表演风格。在进行成套动作训练时，加强运动员间的目光交流，更加丰富成套动作的动作内涵。当运动员间可以进行一定的目光交流时，可组织观众来观看训练，训练运动员与观众的交流。

训练要求及注意事项：在竞技健美操的比赛中要求运动员能够持续通过目光，真诚自然的面部表情和身体的活动与观众交流，在进行交流训练过程中应突出运动员目光表达的一致性和真诚。同时要求教练员给运动员对音乐的理解一定的提示及引导。

第九章　时尚健身课

第一节　东方瑜伽

一、瑜伽

1. 瑜伽的起源与定义

瑜伽起源于印度，它产生于公元前，已流传数千年，是印度悠久智慧的结晶。它的起源最早可以追溯到印度河文明时期，至少可追溯到公元前三千年以前。五千年来，它一直是体现印度文化的一个重要组成部分，历经时代多次变迁，瑜伽一直充满活力，是东方最古老的强身术之一，也是印度先贤在最深沉的观想和静定状态下，用直觉感悟生命的认知。

瑜伽的出现和发展，一直与印度的生活方式和哲学密切相关。然而从实质上讲，它一直与任何宗教信义或伦理保持分离状态，从不要求任何信仰系统接受它。瑜伽不是一种宗教，它是基于一些心理行为的生活哲学，它的目的是使自身和精神完美平衡的发展，以使得个体和宇宙完全和谐。它是一种超世俗的探求，是出于真诚期望对生活及与其联系在一起的所有现象的深入理解。瑜伽哲学是与梵天——宇宙和谐共存的一种艺术与科学。在印度最古老文化的《吠陀经》中记录了瑜伽的起源。印度古代的伟大贤者帕坦伽俐在《瑜伽经》中把它系统地化为一种特别的心灵境界——Dardana。在这之后又出现许多重要的瑜伽版本，但是帕坦伽俐的《瑜伽经》仍然有自己的独到卓越之处。与以往不同的是，今天的瑜伽为适应现代生活方式及其社会逻辑的需要，以及现代医学家意识到瑜伽在预防疾病和促进健康方面的作用，这样，原本是一门个人精神成长科学的瑜伽同时也就成为一门保健和医疗科学。

瑜伽是梵语“YOGA”的译音。瑜伽象征某种进程，通过这种进程，人们能够学到最契合的生活方式。达到这一境域后，它就成了需要坚贞警觉和包罗生活万象的永久进程。通过瑜伽姿势、呼吸与调息、冥想等几大部分修习内容，以此把散乱的精神集中并使之安定下来，学会控制身体活动及情绪(首先着眼于身体的强健)。在瑜伽修炼的过程中，修炼者逐渐深化自己内在精神，从外到内，从感觉到精神、理性，而后到意识，最后把握自我同在的精神融合为一，达到天人合一。

如果从现代行为医学角度看，东方瑜伽锻炼可以说是一种有利于身心健康的良性行为的训练，并最终以条件反射方式固定下来的行为疗法。如果从东方瑜伽作用的心理学过程来看，它贯穿于通过使用自我暗示等手段，集中注意力，促使意识进入到自我催眠状态，通过心理、生理、形态的自调机制调整身心平衡，达到健身祛病的目的。它也是一种带有印度民族文化特色的、以瑜伽基本理论内容为核心指导的实践活动。

瑜伽学说反对强加于人，它主张未经检验的东西不可轻信，也包括瑜伽本身。学习东方瑜伽必须经过自身的体验来领悟真谛，是让修行者自愿的来试一试，选上少量几种姿势，通过一两个月实践之后再对瑜伽做出判断。

2.瑜伽的流派

瑜伽流派可分为智瑜伽、业瑜伽、信仰瑜伽、哈塔瑜伽、王瑜伽等5大类，还有一些瑜伽体系并不占有主流所以就不进行介绍。

按照瑜伽的真正意义是不可分的，因为不管什么样的一种瑜伽，对于修习者来说都是通往精神世界的工具，所使用的工具不同，方法自然有许多不同。这里的区分，只是希望大家能够更好地明白瑜伽所具有的特点，这些特点使它格外生动，希望大家不要特别注意某一种方法而忽视了更为重要的东西。

(1)智瑜伽：通常提倡培养知识理念，从无明中解脱出来，获得神圣旨示，以期待与梵合一。智瑜伽认为，知识有低等和高等之别。寻常人所说的知识仅仅局限于生命和物质的外在表现。这种低等知识可以通过直接或间接的途径获得。然而智瑜伽所寻求的知识，则要求瑜伽者转眼向内，透过一切事物外在的本质，去体验和理解创造万物的梵天。通过朗读古老的、被认为是天启的经典，理解书中那些真正的奥妙和意义，获得神圣的真谛，获得无上智慧。

(2)业瑜伽(实践瑜伽)：业是行为的意思。业瑜伽认为，行为是生命的第一表现，比如衣食、起居、言谈、举止等等。业瑜伽倡导将精力集中于内心的世界，通过内心的精神活动，引导更加完善的行为。瑜伽师通常采取极度克制的苦行，历尽善行，崇神律己，执着苦行，静心寡欲。他们认为人最好的朋友和最坏的敌人都是他本身，这全由他自己的行为决定。只有完全的奉献和皈依，才能使自己的精神、情操、行为达到与梵合一的最终境界。

(3)信仰瑜伽(爱心瑜伽)：专注于杜绝愚昧杂念，启发对梵的敬仰之心，以期待与梵同在。信仰瑜伽认为智、业、信仰是相互关联的。知识是生活的基础，行为是生活的表现。一个人如果没有知识，会陷入极大的盲目性，行为也会失去依托。但无论是知识，还是行为，都应该受到信仰之心的指导，否则，知识便成了粗朴无用的知识，行为便成了低劣愚昧的行为。信仰瑜伽师奉行“以仁爱之心爱人，以虔诚之心敬神”，出没于山林或身居闹市，终身目的是纯洁机智的灵魂，杜绝杂念，把精神寄托于“梵”中。

(4)哈塔瑜伽：意为日月。哈塔瑜伽认为，人体包括两个体系，一为精神体系，一为肌体体系。人的平常思想活动大部分是无序骚乱的，是能力的浪费，比如疲劳、兴奋、哀伤、激动，人体质有一小部分用于维持生命。在通常情况下，如果在这种失调现象不太严重时，通过休息便可自然恢复平衡，但是如果不能主动地自我克制和调节，这种失调会日益加剧并导致精神和肌体上的疾病。体位法可以打破原有的骚乱，消除肌体不安定的因素，停止恶性循环的运动，通过调息来清除体内神经系统的滞障，控制身体能量并加以利用。

(5)王瑜伽：如果说哈塔瑜伽是打开瑜伽之门的钥匙，那么王瑜伽就是通往精神世界的必由之路。哈塔瑜伽重在体式和制气，王瑜伽则偏重于意念和调息。通常使用莲花坐等一些入定姿势进行冥想，摒气了大多数严格的体位法。王瑜伽积极提倡瑜伽的八支分法，即禁行、遵行、坐法、调息、制感、内醒、静虑、三摩地。瑜伽冥想方法很多，但体位姿势大都采用莲花坐，练习冥想时通常通过意念来感受实体的运动，控制气脉在体内流通，产生不同的神通力。一点凝视法是瑜伽者常常喜爱的一种冥想练习，通常选在环境幽静的地方，或在山林湖海边将注意力集中在某一固定的实体中，比如克里希纳神像或是蜡烛、树叶、野花、瀑布、流水等，使自己的精神完全沉浸在无限深邃的寂静中。

3. 东方瑜伽的特点与作用

东方瑜伽的特点如下：

(1)呼吸均匀深长与瑜伽姿势配合紧密：将放松休息术、姿势、呼吸、冥想有机结合在一起，相辅相成，共同发挥作用。

(2)动作节奏舒缓，运动强度可自行控制：发挥练习者的意识能动性，变被动为主动，变外部为内局部，变它养为自养，变无知为精神。

(3)心神同练，对身体各系统均产生效应：调度和培育人体生理潜力，认识、掌握、发挥心理—生理—形态的自调机制。

(4)音乐柔和舒缓，引导温和安静，使你可以充分释放自我。

东方瑜伽的作用如下：

从身体锻炼来说，东方瑜伽主要是通过呼吸运动与体位法相结合，直接对内部器官和系统加以按摩和运动。就身体健康及体力培养而言，重要的部位是内脏，以及神经、血液循环、内分泌系统。假设身体外部的筋骨皮肤受伤或破损，通常都不碍事，康复也较迅速。假如内部器官或系统生了疾病，例如内脏功能衰弱，器官衰损或血管堵塞等，必然造成极大的麻烦。

通过瑜伽静坐冥想，激活人体能量，运动调节内脏及血液循环、内分泌与神经系统，可常保持身体健康与精神旺盛；经由身心放松、意念专一与意念空无的训练，可使心神宁定、思虑周详，以超脱的心灵专注于处理事务；再经由静坐中自然达成的心灵解放与智慧开发，潜力与智慧与时增长，对人生与宇宙将有更深的认知。终使整个人的身心与智慧逐渐进入一个洒脱自如的新境界。

4. 瑜伽的饮食观

为了得到身心健康，除了瑜伽呼吸和姿势等锻炼之外，也应重视饮食。许多瑜伽修炼者认为，一个人吃的食物不仅影响他的身体，同时也影响他的心灵和意识。瑜伽学说把食物分成三种：惰性食物、悦性食物和变性食物。

惰性食物包括油腻的以及烤炸食物，其中也包括肉食及辛辣食物；悦性食物包括一切新鲜的、绿色的，蔬菜、水果、极少味素的食品，谷物以及豆类制品，牛奶等；变性食物则是指加上过量味素的食物，如腌菜等。

瑜伽学说推荐悦性食物。瑜伽文献里也极力推荐大量的饮水，因为喝水可以清洁内脏等器官。

现代东方瑜伽根据营养学原理，结合现代人的生活需要，推崇绿色健康食品！它们可以为人们提供足够的蛋白质和维生素，因此，无论您是从事何种职业，也无论您是否练习过瑜伽，我们将向您推荐自然、健康的瑜伽饮食观。当然，您不必勉强自己，也不必一步到位。为了您的健康，不妨试试。

5. 东方瑜伽的心灵生理学

现代生理学符合瑜伽的哲学，因为它假设人们在正常情况下，只使用了不超过脑能的十分之一，没有开发的能力处于与有意识的过程无关的状态，大脑尚有大片没有标明的区域处于睡眠状态；同样在我们对于无所知的下意识或无意识的精神领域里几乎是无限的深不可测。可见人体内有强大的精神能量，修炼者就是要唤起这一沉睡的性灵。经过修炼脊柱中七个神经血管丛(即脉轮也称为能量中心)，并与脑部顶轮穴相结合，达到至高境界。

在做东方瑜伽姿势或其他练习时，或者单独地将意念集中在脉轮上，能量就可能被激活。这将有助于唤醒相应的心灵体和精神体中的能力，并将允许体验到知觉的其他层次，而在正常情况下是不易察觉的。在肉体的意义上，脉轮与身体的主要神经丛和内分泌腺有关，这些是人类机体的主要中转站和控制中心，对个体的整个生命具有广泛的影响。例如，肩倒立式对喉部的甲状腺施加强压，而喉部和喉轮有关，甲状腺受到了良好的按摩刺激，它的功能不断地改善。然而，如果当完成瑜伽姿势时，练习者的意念集中被引导到这儿，那么益效将会更大。

多数人的这些心灵中枢总是处于休眠和不活跃的状态，更多人的内在潜力是没有被挖掘利用的。人体内有无数的精细神经脉，亦称经络，是一种能量运输的通道，数量多达几十万根。有粗钝的，有精细的，肉眼不可见。在这些神经脉中有 14 条较为重要，其中最重要的有三条：中经、左经、右经，中经尤其重要。中经在脊髓内，由脊柱尾部海底轮(会阴穴)直升至顶轮穴。左经位中经左边，名阴脉，性阴；右经位中经右侧，名阳脉，性热。左、中、右三脉的最低交会点均在脊柱骨尾端海底轮处，它被某些瑜伽流派称之为宇宙能量或称之为灵热的储存库。在人体生理学中，左、右经大致相当于自主神经系统的两半——交感和副交感神经。右经和交感神经相符，对有关外环境的刺激和活动的加速负责，对内部器官的减速从而在内部利用能量负责。例如，交感神经加速心跳，扩张血管，增加呼吸率，强化眼睛、耳朵的效率等等；但是同时降低心跳，收缩血管，缓慢呼吸等等。对大多数人来说，这些神经的作用是完全无意识和随意的。同样也适用于左经和右经中的元气流——是完全随意和无意识的，一直到瑜伽修炼使它处于练习者的控制之下为止。

人体的脊柱共有 24 节，颈椎 7 节，腰椎 5 节，所有神经脉丛都起源于脊髓。东方瑜伽的体位法(姿势)就是主要锻炼这根脊柱，通筋活脉，使 24 节脊柱灵活畅通，有病医病，无病延年益寿。中经左右各一寸半处有几十个重要穴位，所以经常以气去疏通三经脉，能增强身体素质。在中经上共有七个轮，它们分别是海底轮、生殖轮、脐轮、心轮、喉轮、眉心轮、顶轮，均起于脊髓内。不同的轮控制人类不同的情绪和感觉，也影响人体的不同腺体。

6. 练习瑜伽时应当注意的问题

(1)时间。练习瑜伽最好是在饭后 2～3 小时为宜，清晨是个不错的选择，傍晚时练习更有助于解除一天的疲劳，让人恢复精力。

(2)地点。练习地点对于瑜伽格外重要，尽可能选择安静、干净、舒适、通风的地方。

(3)垫子。应选择一张由天然材料制成的薄厚、软硬适中的垫子。

(4)着装。由于瑜伽有大量的扭曲和伸展躯干和四肢的动作，因此最好光脚，身着宽松的服装进行练习。练习时除去手表，腰带或其他饰物。

(5)饮食。尽量避免进食一些过于油腻、辛辣和容易导致胃酸过多的食物，练习结束后30～40分钟再进食。

(6)警言。身体不适时不要勉强自己。在做瑜伽练习时，每个动作适时而止，做到自己的极限即可。

二、东方瑜伽姿势

1.东方瑜伽姿势(一)——入定姿势

入定姿势的主要目的是让练习者在一个位置上延长静定的时间。

初学者可以首先练习简易模式，因为它的初始目的是获得入定体验；而且简易模式非常简单，不需要肢体有很好的柔软性。

多数人起初在一个位置上坐很久是很困难的。然而，坚持做入定辅助练习，即使肢体十分僵硬的人，最终也应该能够做莲花式。

如果经过一段时间入定姿势练习以后，两膝或腿有严重疼痛感，请慢慢的放开两腿，并给与按摩，然后再做该姿势。

而且你会找到一个最适合自己的入定姿势。做这组姿势时，不要在任何情况下用力勉强，避免受伤。

(1)莲花式：

1)做法：坐位，双腿前伸。屈叠一腿，将其脚放到对侧大腿上端。脚心朝上，脚跟最好触及盆骨，至少是大腿根部。屈叠另一腿，将其脚也放在对侧大腿的上端。

2)功效：莲花式有助于消除许多躯体、神经和情绪上的疾病，改善消化系统功能。

3)注意：莲花式可以结合启蒙目达法或意识目达法一起练习。当练习莲花式时，脊柱必须稳定，完全挺直，好像固定在地上。许多练习者，尤其是初学者发现，如果做之前在臀下放一块薄垫子，就能较容易的维持此姿势。在练习者没通过入定前练习，使大腿柔软前不能尝试莲花式。

(2)造诣式：

1)做法：坐位，双腿向前伸出。屈叠左腿，左脚底平抵右大腿上端。脚跟放在会阴中部。屈叠右腿，把脚放在左小腿和左大腿之间。使脊柱完全竖直，好像从底部牢牢扎种在地上，如图9-1所示。

图9-1 造诣式

2)功效：使瑜伽追求者保持产生入定必须的身体稳定。他对控制生殖系统的神经丛有直接作用，使人控制神经脉冲。这姿势被瑜伽信奉者用于完成心灵入定，对整个神经系统有滋补和平衡的作用。

3)注意：随便哪条腿放在上面都可以练习这个姿势，最好不穿内衣练习。它总是结合启蒙目达法练习。

(3)吉祥式:

1)做法:坐位,双腿向前伸。屈叠左腿,把左脚靠近右大腿内侧。同样屈叠右腿,把它放入左大腿肌和小腿肌之间的空隙处。两脚足趾应放在大腿和小腿之间。双手可以放在两膝上练启蒙目达法或意识目达法或放在腰以下或大腿前面的部分,如图 9-2 所示。

图 9-2 吉祥式

2)功效:同造诣法。

(4)简易式:

1)做法:坐位,双腿伸向身前。右腿屈叠在左大腿下。左腿屈叠在右大腿下。两手放在两膝上。头、颈、背保持笔直,如图 9-3 所示。

图 9-3 简易式

2)注意:坐骨神经痛或髋部感染的人不应练习此姿势。

(5)半莲花式:

1)做法:坐位,双腿伸在身体前面。屈叠右腿,把右脚放在左大腿旁。屈叠左腿,把左脚放到右大腿上,保持头、颈、背伸直,如图 9-4 所示。

2)功效:与莲花式相同,但在程度上稍逊。

3)注意:那些几乎能做莲花式,但仍有困难达到最后体位的人可练习这个姿势。此姿势可以做在简易式之前。通过交替把一只脚放在升高的位置,练习者将逐渐为双腿练习莲花式或其他古典入定姿势做好准备。

图 9-4 半莲花式

2. 东方瑜伽姿势(二)

(1)眼镜蛇式:

1)做法:准备姿势俯卧,两腿并拢双手置于身体两侧,掌心向下,额头贴地全身放松。慢慢的抬起头,尽量往后仰,双手保持不动,得用背部肌肉把上半身抬高,尽量向后仰。把双手移至肩下,两手手指相对,如图 9-5 所示。

2)呼吸:吸气,双手用力,慢慢撑起,使背部上升和仰起成反拱状,达到最大限度时,屏住呼吸,保持这个姿势几秒钟。呼气,慢慢把上半身放下,当手不再受力时将它们放回到身体两侧,全身放松。重复以上动作数次。

3)功效:眼镜蛇式能促进人体血液循环,使脊柱神经和血管获得更多的血液供应。对治疗各种背痛和轻微的脊柱损伤有一定疗效。它能让练习者感到每节脊柱和背部肌肉群都获得了伸展,从而富有弹性,它有助于恢复轻微错位的脊椎骨,使身体不再僵硬和紧张。

(a)　　(b)　　(c)

图 9-5 眼镜蛇式

(2)平衡式:

1)做法:挺身直立,两眼正视前方,双手放在身体的两侧,保持正常呼吸。左腿保持站立,屈右膝,上抬右脚跟贴靠到臀部,右手抓住右脚脚腕处。左手自下而上慢慢抬过头顶,手臂抬起动作要缓慢。保持身体平直,从上至下在一条直线上,如图 9-6(a)所示。保持此姿势 10 秒钟。身子慢慢向前倾,右手用劲拉右脚向上抬至极限,手臂保持伸直,如图 9-6(b)所示。放下右腿,休息 10 秒钟,换另一条腿练习。重复练习 4 次。

2)功效:此姿势是一种活动人体主要关节的姿势,它消除关节的僵直状态,使之柔韧。它还能促进血液循环,强健肌肉,消除关节疼痛。对膝盖、脚踝、肩关节、腕关节、手掌和手指各部位关节疾病有很好的治疗作用。

(a)　(b)

图 9-6 平衡式

(3)蜥蜴式:

1)做法:俯卧在地板上,双腿并拢向后伸展,脚背贴地,双手小臂着地置于胸前,支撑起上半身。两膝部用力,向上抬起臀部。呼气,把胸部下压直至贴在地板上,保持这个姿势,如图 9-7所示。

2)呼吸:5 次。吸气,抬起上半身,呼气,还原至起始姿势。

3)功效:温暖和延长脊柱,伸展肩胛骨,开扩胸腔,纠正不良体型。

(a)　(b)　(c)

图 9-7 蜥蜴式

(4)霹雳式:

1)做法:双膝跪地,双脚后伸,两只大脚趾交叉。双膝应并拢,但两脚跟应分开。放低臀部坐两脚内侧,两脚跟应在臀部旁边,双手放在两膝上,掌心朝下,如图 9-8 所示。

2)呼吸:保持自然、均匀的呼吸。

3)功效:改变盆腔和内脏区域的血流和神经脉冲。此姿势能提高整个消化系统的效率。该姿势能减少流向外生殖器的血流,并按摩支配外生殖器的神经纤维。这使它对于因过度血流引起的睾丸膨胀的男子有一定作用。该姿势也加强盆骨肌,能预防疝气,也有助于女子分娩。

(a) (b)

图 9-8 霹雳式

(5)猫弓背式:

1)做法:取霹雳式坐位,抬起臀部,双膝跪地。同时双手平放在身体前的地上,使它们位于两肩下。慢慢下沉脊柱,头抬起。手臂尽量保持与地面垂直,如图 9-9 所示。

2)呼吸:脊柱下沉时吸气,使后背成弓形时呼气。

3)功效:使颈部、两肩和脊柱柔软。它能柔和地增强女性的生殖系统,尤其适宜孕妇练习。妇女患月经不调和白带增多会从此姿势练习以后得到很大缓解。在月经来时做这个姿势可以缓解痛经。

(a) (b)

图 9-9 猫弓背式

(6)顶峰式:

1)做法:取霹雳式。四肢着地,脚趾蹬地。抬起臀部,伸直双膝。背和两臂应与在两肘间的头部成一直线。身体应成三角形。尽量将两脚后跟着地。然后抬起两脚脚跟,到四肢着地。再回到霹雳式,如图 9-10 所示。

图 9-10 顶峰式

2)呼吸:抬起臀部时呼气。回到四肢着地时吸气。身体呈顶峰式时自然呼吸。

3)功效:该姿势能伸展跟腱和腓肠肌。它有加强坐骨神经功能。

(7)虎式:

1)虎式一式的做法:取霹雳式,变为四肢着地。朝后伸展右腿,尽可能将后退伸至最高处。抬起头部舒展颈脖,双眼望前方,慢慢收回后退还原至四肢着地。同样的方法换左腿进行练习,如图 9-11 所示。

图 9-11 虎式一式

2)虎式二式做法:取霹雳式,变为四肢着地。朝后伸展右腿,尽可能将后腿伸至最高处。缓慢的屈曲右膝,脚趾指向头部,双眼朝后上看。伸直右腿后还原至四肢着地。同样的方法换左腿进行练习。

图 9-12 虎式二式

3)呼吸:右腿朝后伸展时吸气,屈膝时呼气。再次伸直右腿时吸气。收回右腿至四肢着地时呼气。

4)功效:此姿势锻炼脊柱,放松坐骨神经,并加强女性生殖器官。它对坐骨神经痛患者、妇女分娩不久和已生育多胎的妇女有好处。有助于减少髋部和大腿过多的脂肪。

(8)战士式:

做法:直立。吸气,右腿向左迈出一大步,同时双手侧平举。转动右脚尖向侧前方。呼气,屈膝,呈右腿弓步,眼望右手指前方。吸气,慢慢地蹬直膝盖还原站立,将脚尖和头转回正前方,头部平视前方。呼气,收手收腿。还原至基本站立姿势。同样的技术,换反方向进行练习,见图 9-13 所示。

图 9-13 战士式

(9)鹤式:

1)做法:挺身立直,双腿并拢,两手自然下垂。深吸一口气,伸直手臂举过头顶,两手掌合在一起,屏住呼吸,把重心放在左脚上,把右脚向后伸出。上身向前方压下,做到手、上身、右脚成一条直线,整个身体成 T 字型。尽量保持此姿势时间长一点。呼气,慢慢恢复到起始姿势后换一只脚重复以上过程。左右脚各做两次,如图 9-14 所示。

2)功效:此姿势能让练习者用一只脚来支撑身体,能提高练习者的平衡能力,同时还扩张胸腔,使练习者的呼吸变的深而平稳。此姿势还能刺激生殖系统和泌尿系统,促进性荷尔蒙的分泌,增进练习者的性能力。

(a) (b)

图 9-14 鹤式

(10)鸽王式:

1)做法:坐在地上,两腿向前伸直,双手放在大腿上。向内收右脚,脚跟抵会阴部,向外弯曲左膝,脚内侧贴与地板上。向上抬起小腿,抬起左手,用手肘内侧托起左脚尖,如图 9-15 所示。吸气,抬起右手,从脑后向左手靠近并抓住左手。保持此姿势,深呼吸 5 次。还原至起始姿势从另一侧重复以上过程。

2)功效:这个姿势让整个脊柱得到延伸,能增强背部肌肉群,加速血液循环,加强消化能力,调整肾上腺和生殖腺的活动,让泌尿系统恢复正常。

(a)　(b)

图 9-15 鸽王式

(11)肩倒立式:

图 9-16 肩倒立式

1)做法:平卧地上,两腿并拢,两臂放在两旁,手掌平放地上。以两臂做杠杆,举起两腿和背部,成垂直位置。屈曲两肘用双臂做靠山,以手掌压迫背部来稳定背部。身体和两腿应向上伸直,和颈部成直角,胸部抵压下巴,如图 9-16 所示。

2)功效:此姿势刺激甲状腺,从而改善循环、消化、生殖、神经和内分泌系统的平衡。它能调整不正常的身体发育,由于大脑供血充足,消除心理障碍。它有助于缓解哮喘、支气管炎,它也放松肛门肌的沉压,对治疗痔疮有益。它增强两腿、腹部、妇女生殖器官、脊柱及颈部肌理。它能吸收水囊肿,消除腰围脂肪。防治白带、糖尿病。掌握此式能使练习者自觉控制体温。

(12)弓式:

图 9-17 弓式

1)做法:平卧地上,在膝处屈双腿,用双手握住双踝。绷紧腿肌,使背部成拱弓,同时将头、胸和双髋抬离地面越高越好,保持双臂笔直。在最后体位时,身体像拉紧的弓,如图 9-17 所示。

2)呼吸:深吸气拉起身躯,在最后姿势时可以屏气或作缓慢的深呼吸。

3)功效:它能有力地按摩腹部脏器和肌肉,对胃病患者尤其有用。它能祛除慢性便秘、消化不良、肝郁,并能迅速地减少腹部特别是小腹过多的脂肪。

(13)脊柱式:

图 9-18 脊柱式

1)做法:席地而坐,两腿在膝处屈曲,足心在臀前着地,两足间距分开约 0.5 米。用手指抓住两大足趾,放松全身。身体慢慢向后倾斜,并伸直两腿。两臂和两腿伸直,分得越开越好,如图 9-18 所示。

2)呼吸:坐时吸气,伸两腿时屏气,完毕后呼气。

3)功效:此姿势能激活腹部脏器,尤其是肝脏,强壮腹肌;有助于驱除肠内寄生虫,刺激肠蠕动,增强整个内脏功能;有利于增强脊神经,强壮脊柱。它能发展平衡意识和集中力。

(14)蝗虫式：

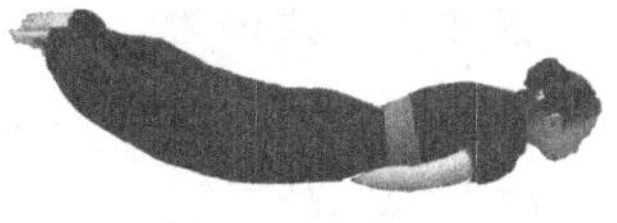
图 9-19 蝗虫式

1)做法：俯卧，下巴着地支撑头部。两手握着大拇指放入拳中并把手放在小腹下。吸气时臀部收紧，慢慢抬起右腿，伸直膝盖并保持自然呼吸 3～6 次。呼气时放下右腿。左腿也同样这样练习。两腿交换做 3 组结束时俯卧，喘气放松，如图 9-19 所示。

2)功效：此姿式能紧致腰腿，使腰部线条更加完美。收紧臀肌，提高臀位线，加强腰部背部肌肉，修长双腿、肩臂，强健颈部力量。

(15)仰卧直腿转体式：

图 9-20 仰卧直腿转体式

1)做法：仰卧并拢双腿，伸直两臂手掌着地。一边吸气一边抬起两腿，翘起脚后跟两脚尽量与两腿垂直。一边呼气一边慢慢地把双腿向左移动同时脸朝反方向。一边吸气一边恢复到第二步的动作，再朝反方向放下双腿，脸转向左侧。反复做 5 次双腿放在身体左侧或右侧时各保持 3～6 次的深缓呼吸。缓慢恢复到原位置，如图 9-20 所示。

2)功效：此姿式能伸展并强健脚踝，按摩并伸展整个脊柱，按摩腹部器官，提高消化和排泄能力。

(16)坐广角式：

1)做法：坐姿，双手着地置前，腰部挺直，眼望前方。根据身体的柔韧度尽量打开双腿，尽量使膝盖及脚趾朝上。吸气，举起双臂，两手掌平行相对，手指指天花板。一边吸气一边由盆骨带动将上身慢慢向前伸展。先是腹部然后是胸部最后是下巴贴地。手掌张开放在前方的地板上作调整，同时尽量使腹部、胸部和下巴贴在地板上。整个脊柱必须保持挺直。保持这个姿势 4～12 次呼吸或更久，练习时以感觉到放松为限度。轻轻倒次序回到基础坐姿休息，如图 9-21 所示。

2)功效：此姿式能雕塑由腰至脚的身体线条；臀部的关节充分打开，能纠正盆骨歪曲；伸展大腿内侧的肌肉能增加其柔软度；能滋养生殖器官，改善月经周期流量过多或痛经的毛病；充分伸展背部，能改善脊柱侧弯的毛病。

(a)　　(b)

图 9-21 坐广角式

3. 东方瑜伽姿势(三)——朝日礼拜式

朝日礼拜式，这套动作练习放松身体所有关节和肌肉，按摩所有内脏器官，它是每天早晨沐浴后及做任何其他瑜伽练习前的极好练习。如果在一天任何时候感到疲倦，这个练习将有助于在体力和精神上迅速恢复失去的活力。

朝日礼拜式由12个姿势组成。每一个姿势相当于黄道十二宫的每一"宫"。整套朝日礼拜式包括12个姿势，连续做两次。

(1)祈祷式：

1)做法：直立，双腿并拢，双掌相合，放在胸前，放松身心，如图9-22(a)所示。

2)呼吸：自然舒缓。

(2)双臂上举式：

1)做法：双臂上举过头，双臂分开齐肩宽，稍朝后屈出头和上身，如图9-22(b)所示。

2)呼吸：双臂上举时吸气。

(3)上体前屈式：

1)做法：身体朝前屈曲直到双手或手指碰触到脚任何一侧的或脚前的地上。试用前额触到两膝，如图9-22(c)所示。

2)呼吸：身体前屈时吸气。在最后位置时试收缩腹部，排除最大量的呼气。

(4)骑马式：

1)做法：尽量向后伸出右脚，同时弯曲左腿，呈弓步双手撑地，双手推起上体，两臂保持笔直，自然垂于体侧，脊柱挺直，眼看到眉间的延伸点。动作末尾时，身体重量应当由左脚、右膝和右足趾支撑(可脚面着地)。在最后姿势时，头应朝后仰起，挺胸，朝后上凝视，如图9-22(d)所示。

2)呼吸：右腿向后伸展时吸气，脚落地呼气。

(5)顶峰式：

1)做法：两脚尖蹬地，两手撑地，手脚支撑着身体。臀部翘起在半空，头低下，使它位于两臂之间。身体应成为三角形的两边。在最后位置时双腿和双臂应尽量保持平直。此姿势中试着尽量将两脚后跟着地，如图9-22(e)所示。

2)呼吸：静止时自然呼吸。

(6)八体投地式：

1)做法：慢慢的放低身体膝、肘触及地面。在此姿势的最后位置时双脚脚趾、双膝、胸部，双手八个点触地，如图9-22(f)所示。

2)呼吸：尽量做到不呼吸。

(7)蛇式：

1)做法：慢慢的推直双臂，从腰部抬起身体。头朝后仰。这个阶段与蛇式的最后位置相同，如图9-22(g)所示。

2)呼吸：抬起身体时吸气。

(8)顶峰式：

做法：从弓形后背的位置上取回前边所述的顶峰式。臀部提起时呼气，如图9-22(h)所示。

(9)骑马式：

1)做法：向前屈曲左腿，使左腿朝前，尽量放低右膝使其触地。双臂自然垂于体侧，如图9-

22(i)所示。

2)呼吸:取此式时吸气。

(10)上体前屈式:

1)做法:右脚放在左脚旁。伸直双腿,尽量将前额靠近两膝。如果不能触到双膝就不要勉强,尽量不要弯曲两腿,如图 9-22(j)所示。

2)呼吸:在做此动作时呼气。

(11)展臂式:

做法:伸直全身,双臂上举过头,分开与肩同宽。稍向后屈曲头部,伸展双臂,如图图 9-22(k)所示。

(12)祈祷式:

1)做法:双手合并,放在胸前,放松全身,如图 9-22(l)所示。

(a)　(b)　(c)　(d)

(e)　(f)　(g)　(h)

(i)　(j)　(k)　(l)

图 9-22　朝日礼拜式

2)呼吸:取最后姿势时呼气。

姿势(13)～(24):前边的(1)到(12)式姿势是半轮朝日礼拜式。在另半轮的练习中,应当重复这 12 个姿势,但允许有些小的变化:

1)姿势(4)时,代替向后伸展右脚,用同样的方式伸展左脚。

2)姿势(9)时,屈曲右腿完成弓步。

完成 24 个式姿势后,完整一轮朝日礼拜式就练完了。

功效:朝日礼拜式对身体的各个系统有十分强大的影响,如内分泌、循环、呼吸、消化系统等,并有助于互相平衡。当其中一个或几个系统互相不平衡时,就会引起许多疾病;而朝日礼拜式还有助于消除更多疾病。许多疾病是由于血液不净，内分泌腺活动亢奋或功能减退，消化液的分泌过多等造成的。在做朝日礼拜式时，身体上所有主要肌肉都参与活动，每日的练习将保持身体健康，消除过多的脂肪。练习者会发现新的活力。不但反映在身体上，而且也反映在精神上。在进行朝日礼拜练习中，呼吸与身体运动协调，这有助于祛除肺中积滞的废气，而代之以提供含氧丰富的空气。由于新鲜的空气和丰富的血液注入到大脑，是我们感到思想清晰，处理事务更专注了，工作效率大大提高，皮肤也不知不觉中变得越来越美丽了，一些原有的皮肤或晦暗都有效得到了改善。

三、呼吸与调息

1. 呼吸

瑜伽呼吸法可以带来意想不到的效果，一般人平时以自我为中心，对未来有很多憧憬和忧虑，思想纷乱，情绪失控，脾气暴躁，而呼吸和情绪有很密切的关系。呼吸深缓，心境必定平和，更会延年益寿。

(1)呼吸的定义、原则和方法。呼吸是瑜伽的中心。呼吸能将你的肉体和精神联系起来。通过平静呼吸，可以更深地放松身体和精神。瑜伽呼吸能增加你的精力，使你通向更广阔的精神认知领域。

呼吸控制法是瑜伽的重要组成部分。控制好呼吸除了能让机体运作更有效率，同时也更容易控制好身体和感情，人在发怒和感到不安时，体内分泌肾上腺素，心率加速，血压升高。当情绪失控时，人们常常会大哭一场或说一些事后后悔的话，如果能在情绪失控前，有意识的控制呼吸，就会发现其实控制好身体和感情也不是很难的事情。

呼吸原则：取气以扩展，呼气以收缩。呼吸与动作以简单而符合逻辑的方式相结合。当一个动作扩张胸部或腹部时，吸气；相反，当一个动作紧压胸部或腹部时，呼气。

(2)怎样呼吸？要以最放松的方式呼吸，应闭上嘴巴，用鼻子吸气和呼气。喉部发出非常轻微、细小的声音，这种嘘嘘声能够帮助你更好地控制呼吸的气流。保持呼吸缓慢而平稳，向内集中你的注意力。聆听你呼吸的声音。声音应该持续而没有振动。保证呼气、吸气速度一致。避免在吸气开始时让空气猛地进入。也不要在呼气开始时速度太快，这样会让你很费劲地才能呼出这口气。避免竭力呼吸或者喘着呼吸，就表明你对自己施加的压力太大了。要去寻找一种持续的，舒适的节奏。感觉气的流动，让自己与柔和的呼吸声协调一致。呼吸的方法如下：

1)腹式呼吸：仰卧，把左手或右手轻轻放在肚脐上。当你吸气时，把空气直接吸向腹部。如果这步吸气动作做得正确，手就会被腹部抬起。吸气越深，腹部就抬起越高。随着腹部扩张，横隔膜就向下降。现在呼气，就会发现腹部向内，朝脊柱方向收。你可以凭着尽量收缩腹部的动作把所有的空气呼出双肺之外。而在这样做的时候，横隔膜就自然而然的升起。

2)胸式呼吸：仰卧或伸直背坐着，深深吸气，但不要让腹部扩张。代替腹部扩张的是把空气直接吸入胸部区域。在胸式呼吸中，胸部区域扩张。然后，当吸气越深时，腹部向内、朝脊柱方向收入。当用这种方式吸气时，会注意到：肋骨是向外和向上扩张的。当呼气时，肋骨向下并向内收敛。

3)完全(胸腹)式呼吸:完全的呼吸或瑜伽呼吸是把以上两种类型的呼吸结合起来完成的。这是一种自然的呼吸方法。略加练习之后,这种呼吸方法就会在全部日常的练习和生活中自动的进行了。用下面的方法练习完全的呼吸:轻轻吸气,首先吸向腹部区域。在这区域鼓起的时候,就开始充满你胸部区域的下半部分。然后,又充满你的胸部的上半部分。尽量将胸部吸满空气而扩张到最大程度——你的双肩可能略微升起,胸部也将扩大等。在这种情况下,腹部将会向内紧收。现在已经吸气吸到双肺的最大容量。按相反的顺序呼气:首先放松胸部,然后放松腹部。用收缩腹部肌肉的方法结束呼气。这确保了已经从肺部呼出了最大量的空气。然后,再慢慢的吸气,首先充满腹部,如此循环下去。"完全的呼吸"应是顺畅而轻柔的。不同的阶段不应该节节可分地或跳动的做。整个呼吸应该做为一个顺畅的动作来做——就像一个波浪轻轻的从腹部及胸腔中部再次波及胸腔的上半部,然后减弱消灭。呼气不应是匆忙或使劲的,而是应该稳定、渐进的。

4)运动中的呼吸:在瑜伽练习中,要学会协调呼吸与动作。当你将动作与缓慢、平稳的呼吸和短暂的停歇结合起来时,注意力会深深的向内集中。集中精力,因此也将它与呼吸动作联合起来。每一个动作应该花大约 4～10 秒,用呼吸全长来完成它。呼气应该与吸气等长或更长一些。开始可能发现你的呼吸短促,一个呼吸来回也许只能舒适地持续 4 秒。这没关系,只需努力协调动作与呼吸的节奏。持续用这种方式进行瑜伽练习时,会发现你的呼吸自然变得更深更长更持续。每次练习时,找到能舒适保持的最慢的呼吸节奏,某些天会较短,某些天会较长。在一天紧张工作之后,可能会发现的呼吸节奏较快。在一个轻松的星期日早晨,会发现能更长时间的舒适、缓慢的呼吸。生活中的很多事情影响身体呼吸和精神。没关系,瑜伽总是从原本状态开始,熟悉呼吸,它能使领悟到很多关于自我的东西。

2.调息练习者

调息的定义:调息,及一呼一吸为一调息。梵语:普拉那雅玛指的是呼吸的气息也指生命的能量,即生命之气。瑜伽师们列出了人体内各种基本的生命之气:

(1)普拉那:人的吸气过程完全是凭借普拉那的力量才能够自动进行的;它与神经系统,肌肉群有着密切的联系,它能控制肺部声道等器官的活动。

(2)乌达那:乌达那能促进所有器官的活动。它直接控制和影响到眼、鼻、耳等喉部以上部位,它是自然上行的。

(3)阿帕那:肚脐区域以下是阿帕那存在的地方,它是自然下行的,其作用是为肾脏,肝脏等器官提供能量。有了阿帕那,普拉那才能被排出口、鼻和直肠。

(4)萨马那:位于心脏和肚脐之间的萨马那,控制着人体的整个消化系统,它是消化系统的动力源泉。同时,它也调整人体各系统的平衡。

(5)瓦雅那:瓦雅那的作用是扩张和收缩人体都有瓦雅那的存在,它控制和激发人身的整体运动,与其他生命之气分工合作。

练习调息法时,应注意的事项和忠告:

(1)最好在空腹时进行练习。

(2)在练习之前,最好排清体内废物。

(3)练习环境要清静幽雅,便于集中注意力。

(4)每天练习四次,最少一次。

(5)在调息过程中始终保持闭口(除非有特殊要求)。

(6)吸一口气的时间和呼出这口气的时间应该大致相等。

(7)在呼吸过程中,不应有急促的感觉,如果有就说明一呼一吸的时间太久了,接下来就应该减少吸气量,只有在感觉舒服的情况下,才能逐步增加呼吸。

(8)对呼气和吸气有完全控制能力后,才能开始练习呼吸。

3.调息的方法——那地净化功

做法:坐位,取任一入定姿势,如莲花式,造诣式等等,但不用霹雳式。这必须是能够舒适的维持至少15分钟以上的姿势。将手置于膝上,伸直脊柱,保持头部不倾斜,面对正前方。闭上双眼,感觉自己的呼吸。开始练习。

第一阶段:每天练,练15天。

左手放在膝盖上,举起右手到前面。右手指用来控制通过鼻孔的气流,方法如下:把食指和中指放在两眉中间,整个练习中保持此位置不动。拇指放在右鼻孔旁,需要时可以压右鼻孔壁,阻断气流的进入,以控制气流,环指应放在左鼻孔旁,使之能同样地控制左鼻孔气流的进入。用拇指关闭右鼻孔。通过左鼻孔吸气,再通过同一鼻孔呼气。吸气和呼气的频率像平常一样。呼吸进出五次。解除拇指加于右鼻孔的压力。用环指压迫左鼻孔壁,阻止空气流动。通过右鼻孔呼气和吸气。呼吸频率仍像平常一样,重复五次,通过每只鼻孔依次呼吸五次,谓之一轮,做二十五轮。

练习者不可用力呼吸,最好是空气进出鼻孔时出不了声音。15天后,结束第一阶段,进行第二阶段。

第二阶段:换鼻孔呼吸,每阶段也该每天练,至少练15天。

用拇指闭住右鼻孔。通过左鼻孔吸气。吸气终了,用环指闭住左鼻子,放松拇指对右鼻孔的压迫。再通过右鼻孔吸气。在吸气终了,闭住右鼻孔,放开左鼻孔,通过左鼻孔呼气。这是一轮。在这一阶段,练习者应该开始计数每次吸气和呼气的长短。计数应默默的进行,吸气和呼气的时间应该相等,例如5进5出,或练习者感到舒服的无论什么数目。任何情况下,不要勉强。几天后,试着延长吸气和呼气的时间,保持同样一对一的比例。换句话说,试延长吸气至6呼气时间到6。当这个很容易完成时,试着将吸气计数7,呼气计数7。无论如何不要用力呼吸。提放不要呼气时加快计数,来补偿呼吸的短促。稍有不适迹象,就减少每次呼气吸气的时间,或当天中断练习。15天或更多天后,结束此阶段。

顺序:在练习瑜伽姿势和入定姿势前,练那得净化功。

注意:呼吸不要屏的太长,以舒适为度。只有当完成前一阶段,才进入下一阶段。在通风良好的室内练习,

限制:应在专家指导下练习。

功效:那地净化功对高级入定练习者是一曲省不了的前奏。它导致心情平静和安定。所

有元气通道畅通无阻。左右鼻孔的空气流量相等。血液系统清除了毒素，整个身体由于引入体内的额外氧气供应营养，二氧化碳有效地排出体外。全部结果是身体健康的巨大改善。清洁了脑细胞，使脑神经中枢以更接近最佳的能力工作。肺中所有停滞的空气被去除。

四、瑜伽冥想法

1. 了解瑜伽冥想

瑜伽冥想法，简单的理解就是一种叫人们克服物质欲念的方法。古代瑜伽把物质自然界归纳为三种状态：愚昧无知、激情和善良。

一个人在愚昧无知状态的影响下，就会希望获得如睡觉种种感官享受；而在激情状态的影响下，他可能会让性给他带来快乐；如果他处于善良状态的支配下，他可能会找个幽静的地方平静地度过一天。

瑜伽师们认为，如果一个人受到物质自然界这三种状态的支配，那么他便是不自由的。要从物质欲念中解脱出来，他必须超越自然界这三种状态给他带来的影响，而这个过程又只能是循序渐进的。

一个人在进行瑜伽练习后，会从处于愚昧无知的状态渐渐的进入处于激情的状态，随着练习的深入，它会逐渐的处于善良状态的控制下，接着他还会超越善良状态的影响而进入一种纯化了的善良状态，瑜伽称这种状态为入定。在瑜伽文献《薄伽梵歌》中就有这样一段话：

> 当一个人由于修炼瑜伽而使其心灵完全脱离物质性的心理活动时，这么一种瑜伽修炼的至善阶段就叫做入定或三昧境界。在这种欢乐状态中，人就处身在无限的超然幸福里，并通过各种超然的感官而自得其乐。确定这种状态之后，人就再也不会离开真理，而一旦获得这种成就，他就会认为：没有什么能够比这收益更大了。

因此，所有瑜伽练习者目前要做的就是尽早的从愚昧无知和激情状态的影响下解脱出来，而实现这一点的方法是以善良状态为出发点，不受控于愚昧无知或激情状态，坚持练习下去，最终超越善良状态的影响。当一个人超越了所有这三种状态之后，无论愚昧无知、激情或善良这三种状态哪一种。而有些人就会错误的认为：瑜伽练习者不需要或不关心幸福与快乐。其实，在这方面，瑜伽练习者和别人没有区别，他们也同样需要幸福快乐，只是瑜伽练习者在寻求快乐更科学而已。

幸福在很多人看来是物质和感官上得到尽量多的满足，可事实上，那些极为富裕的人在很多时候都会感到十分苦恼，甚至比不太富裕的人更加痛苦一些。这是因为令人愉快的物质满足所得到的幸福其分量极为有限，这种幸福是转瞬即逝的，根本就不是真正意义上的幸福。如果一个人把这种幸福当做自己人生目标的话，他就会受到忧虑、懊恼、愤怒等情绪的折磨。他会为这分量极为有限的所谓幸福付出巨大代价。

可以分析一下追求这种幸福的人每时每刻所处的心态：

(1)他总是担心得不到自己想要的东西。

(2)当他想要的东西没有得到时，便会引起他的失望和愤怒。

(3)他害怕失去已经得到的东西。

(4)当失去已经得到的东西时，又会让他感到懊恼和痛苦。

(5)他不满足他已经拥有的东西。

这些心态所表现出来的各种情绪和行为，如愤怒、嫉妒、恐惧、懊恼、迷惘、欺骗、偷盗等，都会给身体带来各种问题和疾病，如高血压、心脏病消化功能失调等，更严重的会导致身心遭受自身的摧残，如吸毒、自杀等。

所以，瑜伽师认为，要获得真正的幸福快乐，人们就必须抛开种种物质欲望。真正的幸福快乐应该是发自内心的。瑜伽文献《薄伽梵歌》中指出：如果一个人在放弃目前这具躯体以前，就能按捺得住种种物质感官的怂恿，抑制住欲望愤怒的力量的话，他就成为一个瑜伽师，而且在现实中也得到幸福。当一个人内心幸福，内心积极活跃，内心欢欣鼓舞，一片光明，那么实际上他就是完美至善的神异术士了。由此可知，要摆脱种种物质欲望，人们就必须征服心灵。而瑜伽冥想是达到这个目标的最好方法。

瑜伽冥想能很好的调理我们的身心，平时有与精神紧张和忧虑引起的疾病在慢慢康复，练习者总能感到自己内心的平和、宁静。心态的平和大大增强了人体免疫系统的功能，所以，瑜伽冥想也是最有效的预防性良药。

2.瑜伽语音冥想

瑜伽语音冥想可以说是所有的瑜伽冥想体系中最直接、最实用的一种体系了。它的历史也非常悠久，早在远古时代就开始有人修习了，并经过世代师徒授受，流传下来。

瑜伽语音冥想又称“曼特拉冥想”。梵语词“曼特拉”可分为两部分：“曼”的意思是心灵，“特拉”的意思是引开去。“曼特拉”的意思是能把人的心灵从种种世俗的思想、忧虑、欲念、精神负担等等引离开去的一种特殊语言。“冥想”的意思是意念和意境的结合，冥想可以帮助练习的精神进入高境界，有助于身心的协调。一个人冥想时，把注意力集中在他的瑜伽语音上，就能逐渐超越愚昧无知等不良因素，而处身在善良品质的高度上。随着不断深入，逐渐演变成禅，最终进入到入定状态。

练习瑜伽语音冥想非常的灵活、简便，没有太多的规定。练习者可以大声的吟诵，可以低声的诵念，也可以在心里默念；可以坐着念，可以站着念，可以边走边念；练习者的眼睛可以使睁开的，可以使闭合的，也可以是半开半闭的；练习者可以一边吟诵一边倾听自己的声音，也可以自己不念倾听别人吟诵的声音。不过，不管你练习的方式如何变化，都必须坚持一个基本原则，那就是练习者的全部注意力要集中在瑜伽语音上这一点是始终不变的。

3.练习语音冥想应注意的事项

为了让练习者练习瑜伽语音冥想达到最好效果，我们给练习者提出了一些必须注意的事项和建议。

(1)练习者可以根据自己的喜好自主的选择先学习哪种语音，在学习哪种，但必须保证每天至少要练习一则语音冥想。不用担心没有把瑜伽语音吟诵得很准确，只要努力去做了，发音不准也不会影响练习的效果。规定一则瑜伽语音每天要吟诵的数次。吟诵瑜伽语音可以和呼吸同步以方便计数，默念是不用计数的。

(2)练习者独自一人练习时可用念珠计数法来练习。练习者不论是坐着、站着还是行走中都可以练习，如老师未规定，则自己根据实际情况定出每天要练习的最少次数。随着练习的深入，练习次数应逐渐提高，到一定数量后就不要在增加了。

(3)每天最少次数是无条件必须完成的，如情况允许，可适度增加，要做到自律。日出之前和日出之际是每天练习的最佳时间。如白天有时间，可尽量多做练习，黄昏沐浴后、就寝前都可以做。练习者选定一则语音作为主要的冥想对象，其他瑜伽语音可和这则主要的语音交叉着练习。

(4)吟诵瑜伽语音时，不要念得太快太慢，太快就不能认真地倾听者则语音，而太慢了，心神就会飘忽不定，所以，当自己感觉念的太快了就放慢速度，感觉太慢了就加快速度。很多练习者喜欢步行练习瑜伽语音冥想，练习步行瑜伽语音冥想应注意：要选择一个视野开阔、安静和没有污染的地方，如公园、一片大操场。最好是在清晨练习，练习时注意力始终集中在瑜伽语音上。步行瑜伽语音冥想可以和打坐瑜伽语音冥想结合起来一起练习，如步行练习约 15 分钟，然后再起来步行 15 分钟，这样效果会更好。

(5)练习者尽量不要受周围环境的影响，如感到影响而无法练习下去，马上换个地方。练习者不要刻意追求获得什么特别的身体体验，因为进步会在他长时间的练习中逐渐体现出来。

(6)在经过一段时间瑜伽语音冥想的练习后，练习者在睡眠中可能还会反复吟诵瑜伽语音，这是一个好的现象，说明瑜伽语音已经成为练习者意识中的一部分。

(7)瑜伽语音冥想可以帮助人们去除很多的不良习惯，如抽烟等，这是因为练习者平时的一些习惯动作在练习瑜伽语音冥想时被替换了。就像吸烟者平时两手总习惯夹着一只烟，嘴巴也习惯了抽吸的动作，嘴在不停的诵念语音，手指在不停地拨数念珠，把吸烟者抽烟的一些习惯动作给替换了，所以，练习者抽烟的习惯在不经意间便被去除了。

4. 瑜伽噢姆(Aum)语音

“噢姆”是大部分练习者最先练习的瑜伽语音功法。它能让练习者的心神趋于平和、宁静，最终达到入定状态。

练习方法：

(1)选择一种舒服自然的瑜伽坐姿坐好。

(2)做瑜伽完全呼吸，最好是长时间的深呼吸，把注意力集中在自己的呼吸上，每次吸气时，心里都默默地念：“我现在正在吸气。”同样，每次呼气时，心里也默念：“我现在正在呼气。”

(3)做以上呼吸练习 5 次。

(4)继续平稳而深长地吸气和呼气，但每次呼气的同时，都用缓慢而深沉的声音念出语音“噢姆”，声音大小应以你能清楚地听到为准。“噢姆”语音是拖长念诵的：“噢……姆……”语音念得与呼气一样长。

(5)注意力集中到语音上来，别的什么都不要去想。

(6)重复念诵比语音 10 次。

(7)继续平稳而深长地吸气和呼气，不过，现在每次吸气的时候，都要在心里默念“噢……姆……”，时间与吸气一样长；呼气时，还是用自己能够听到的声音吟诵“噢……姆……”。

(8)当你每次吸气在心里默念“噢……姆……”的时候，要想像你的每一个毛孔都吸入了一个“噢……姆……”的音节，这些音节都深入到你身心的最深处，让你感觉到身体的每一个细胞都充满了和平、安宁和力量。每次呼气时，要感觉到通过“噢……姆……”语音把这种力量传播到了你周围的环境当中。

(9)吟诵比语音至少50次，多做不限次。

注意事项：

练习者按以上要求练习了一段时间后，就可以直接进入吸气、呼气时都吟诵“噢……姆……”的语音练习阶段了，如果练习者一天只练习这一则语音冥想，那最少得练100次，如果和其他冥想功法兼容着来练习的话，就可以相应地减少数次。

五. 瑜伽休息术

瑜伽精神松弛法是一种让瑜伽练习者得到极好休息放松的功法。经常会在白天或在用完午餐后，由于脑部血液循环减慢而感到睡意朦胧，可又没有时间睡上一觉，在这种情况下，只要你做以下任一种瑜伽精神松弛功法就可以让你睡意顿消，恢复精力了。如果你经常睡得很晚，而每天有必须早起，常常是弄个疲惫不堪，在这种情况下，只要你晚上临睡前做几次瑜伽精神松弛功法，第二天早上起来你就会发现虽然只睡了较短的时间，但此时是感觉浑身轻松，精力充沛。

瑜伽精神松弛法的练习方法也非常简单，下面就给大家介绍四种常用的功法：训练法、诱眠法、意境法和休息法。练习者可以根据情况来选择放松的方法，前三种是比较简单的放松方法，适合没有太多时间做放松练习的人，而休息法是循序渐进的，全面的放松，所以费时会更多，效果也更好。

(1)训练法，称为放松训练或松弛训练，是有意识地控制自身心理生理活动、降低唤醒水平，改善机体紊乱功能的训练，可使精神得到放松。练习方法主要是通过瑜伽的强调姿势(调身)、呼吸(调息)、意念(调心)而达到松、静、自然的放松状态。现代科学研究表明，瑜伽放松功法使大脑皮层水平下降，交感神经系统的兴奋性下降，机体耗能减少，血氧饱和度增加，血红蛋白含量和携氧能力提高，消化机能提高，引起肌电、皮电、皮温等一系列促营养性反应，这对于调整机体功能、防病治病、延年益寿大有裨益，更能提高感知、记忆、思维、情绪、性格等心理素质。

(2)眠法，又称为放松催眠法或诱眠松弛。施放松弛指令，使受术者静卧微闭双眼，深沉吸气，慢慢呼气，精神安宁，注意呼吸节律；注意全身放松，体验全身肌肉放松后的无力舒适感。同时暗示：“全身肌肉放松后，精神得到充分放松，四肢不能动了，眼睛睁不开了，脑子也不想了。睡吧！睡吧！睡着了，精神彻底放松解脱了……”

(3)意境法，称为意念放松法或想象放松法。如静卧后，自我意念想像：心理出现了一幅幅画面平湖如镜，清澈安宁；一只美丽的天鹅浮过湖面，天上洁白的雪花轻轻飘落着；美丽的、金光灿烂的日出，一个农民在田里犁地，一匹马拉着车子；一头母牛安详地坐着，一只孔雀在开屏；海洋上浪花激扬，孩子们在嬉戏；清澈的蓝天，头上团团的白云飘过；我在诗情画意中，心旷神怡，感到格外轻松、舒适和愉快；我被陶醉了，我心静极了。

(4)休息法，是以上三种放松法的综合，通常是由一位引导员诵读引导词，练习者则根据他的来引导词做练习。

第二节 肚皮舞

1. 什么是肚皮舞

肚皮舞(阿拉伯语：شرقي قص 或 بلدي رقص)，是一种带有阿拉伯风情的舞蹈形式，起源于中东地区，并在中东和巴基斯坦、印度、伊朗等其他受阿拉伯文化影响的地区取得长期发展，19世纪末传入欧美地区，至今已遍布世界各地，成为一种较为知名的国际性舞蹈。

肚皮舞阿拉伯原名为“Raks Sharki”意指东方之舞，因此又称“东方舞蹈”。一般地认为肚皮舞是中东、中亚、埃及的古老的传统舞蹈。

土耳其称肚皮舞为郭碧卡当司(Gobek Dans)。1893年在芝加哥举办的世界博览会，来自埃及的肚皮舞团，令美国人大开眼界，于是美国人将法文的肚皮舞 Danse Du Ventre（直译成英文“The Dance of The stomach”）翻译成“Belly Dance”。显然，欧洲人早于美国人先看到肚皮舞。

2. 肚皮舞的起源与发展

无疑，肚皮舞是中东、中亚、埃及的古老的传统舞蹈。至于肚皮舞是何时开始的，早在3500年前埃及的古壁画就有类似今天看到的肚皮舞，但不同的地区，不同的国家，有不同的传说和故事。

传说是怀孕待产的女人为了能顺利分娩，接受姊姊的建议，学蛇的曲线摆动，摇摆自己的身体，重点集中是在腹部，在快速摆荡整个身子，呈波浪起伏状，节拍音乐的加入，显得轻松自然，果真顺利产子，于是蔚然风气，逐渐演变成娱乐的肚皮舞，令人匪夷所思。

一般的印象肚皮舞是源自于埃及，希腊人相信，肚皮舞与古时代的宗教仪式有很大的关系，在沙特阿拉伯则是女性不对外公开神秘宗教的仪式。另一种传说是肚皮舞是身心合一的修身养性之舞，是神圣、崇高的宫廷舞，一如西方的芭蕾舞。

不管何种传说，肚皮舞经历不同国家，不同的文化，长时间的演变而成的舞蹈。不可否认，在不同地区，肚皮舞有不同的风格，不同风格的肚皮舞，通过舞蹈老师们默默奉献，肚皮舞已成为中东地区，可贵的文化资源。

肚皮舞源于中东地区，最早是作为一种宗教仪式，通过它叙述有关大自然和人类繁衍的循环不息，庆祝妇女多产以及颂生命的神秘。这就可以解释为什么肚皮舞是以腹部的摇摆为主要动作，并且要求光着脚，这是为了保持和土地的联系。这种舞蹈形式逐渐发展为一种民间艺术，并最终成为广泛流行于中东地区各国的一种独特的娱乐和表演形式，是神秘的阿拉伯文化艺苑里的一朵奇葩。

肚皮舞的历史十分悠久。古埃及新王国时代第十八朝的墓中，就画有和现在肚皮舞相似的舞娘的舞姿。此后，随着阿拉伯音乐的流行，肚皮舞风靡一时。伊斯兰帝国强盛时期(9～10世纪)，肚皮舞受到了政府的保护。

3. 肚皮舞的特点

肚皮舞是非常女性的舞蹈，肚皮舞特色是，随着变化万千的快速节奏，摆动腹部，使劲的舞动臂部和胸部，这些动作，成为肚皮舞中牢不可破的传统舞技。肚皮舞必须在平滑的地板上，赤足舞蹈，配合音乐，以极快速、错综复杂的感性肢体动作舞动，快速的舞步，一如欧美的狐步舞，交叉摇摆的舞姿，时而优雅，时而感性、妩媚娇柔，时而傲酷、神秘。肚皮舞迷人的特资，令人目不暇接。

肚皮舞可以无伴奏地独舞，当然充满浪漫的独特阿拉伯音乐可以使肚皮舞更具动感。常见的伴奏乐器如乌德(UT)琴、耐笛(Ney)、地尔巴卡(Deblek)手鼓、扬琴山都尔等。其打击乐器的手鼓尤为重要，在舞者施展扭腰舞腹的绝活时，鼓的加入有相乘动感。

跳肚皮舞时亦结合其他的道具，如蛇、刀剑、面纱、蜡烛、火焰等，这些道具的出现，可能是受到古代肚皮舞和神秘的宗教仪式的影响。这些极戏化又神秘的表演方式，在中东的一些国家，仍然遵循无误。尤其是错综复杂的蛇把戏，蛇象征男人和女人，雌雄同体蛇，非常诡异，充满了阿拉伯的神秘。

作为一种优美的身体艺术，肚皮舞通过骨盆，臀部，胸部和手臂的旋转以及令人眼花缭乱的胯部摇摆动作，塑造出优雅性感柔美的舞蹈语言，充分发挥出女性身体的阴柔之美。它是一种全身的运动，可以使舞者的腿部、腹部、肩膀以及颈部都得到充分的活动，从而提高身体的弹性和柔韧性。其手臂的动作非常重要，它能表达出舞者的优雅和精巧。它不仅仅是一种运动，它也为心灵与身体建立了一种精神纽带。舞者可以像蝴蝶、海浪、流水一样欢快与自由。当舞者翩翩起舞时，舞者体内的女神让舞者变得更优雅、更有力量、更加性感。它是女士探索自身的舞蹈，是对身体和内心世界的探险。

4.肚皮舞的主要风格和文化

埃及风格：内敛、含蓄的埃及味道，有宫廷舞蹈的优雅。动作幅度比较小，但是很强调对肌肉的控制。

土耳其风格：动作大胆、奔放，幅度很大，胯部的动作非常夸张，而且穿着比较暴露，很有视觉冲击力。

印度风格：妩媚多姿、色彩鲜艳斑斓，加入印度舞风格，包含印度特有的手势(如五指张开，小指和无名指向掌内弯曲)等。同时音乐也会找到很印度的感觉。

肚皮舞锻炼的重点是纤腰和瘦臂，但是如同每种有氧锻炼一样，有规律地长期坚持才会出效果。听着音乐，找对感觉，在节奏中释放热情。在这个舞蹈中，腹部等部位的动作远远多于四肢的动作，这种独特的舞姿来源于女性分娩时的痛苦和对孕育新生命的喜悦，另外为了表示对地母神的敬意，这些少女必须光着脚跳舞，到了后来这种专门为神灵而跳的舞蹈被命名，也就是现在的肚皮舞。

可能东方人本身就会对这种东方的舞蹈本能的喜欢，特别是其中的神秘让人充满了好奇，肚皮舞这个名字简单直接，不如芭蕾舞香艳轻巧。显然，无论是欧洲人还是美国人都早早为这种舞蹈折服。

可以肯定的是肚皮舞是中东、中亚的古老的传统舞蹈。至于肚皮舞到底是何时产生的，源于怎样的原因，又受到了什么舞蹈的影响都已经无据可考了，不同的地区，不同的国家，有不同的传说和故事。

5. 肚皮舞的好处

(1)练习肚皮舞最大的好处就是，动作完全为女性设计，最能锻炼腰腹、胸部、臀部和手臂等，而这些都是融入于舞蹈之中，使你在趣味娱乐中使自己的身材凹凸有致。

(2)在练习肚皮舞的过程之中，强调的是自我欣赏，自我发现。无论你高矮胖瘦，都能够在肚皮舞的练习中发现自己无与伦比的女性魅力，提升你的自信与气质，轻松面对你的工作与生活。

(3)对身体的调节：经常练习肚皮舞能够疏经活血，按摩子宫和肠道。对女性痛经、内分泌失调都有明显的作用。最新的研究表明，肚皮舞的动作设计使它成为一个很好的对心血管功能有益的运动，有效延缓衰老。

(4)另外，肚皮舞可以锻炼 PC 肌。这应该是最大的收获。为了更好的身体和生活，多锻炼 PC 肌无论对未婚女性、想要宝宝的女性和生产过后的女性都是大有好处的！

6. 肚皮舞示范套路

肚皮舞示范套路如图 9-34 所示。

图 9-34 肚皮舞示范套路

第三节　街舞

一、起源与发展

图 9-35

街舞，也称 HIP-HOP，它来自黑人街头舞蹈，所以，另一种叫法是 REET-FUNK。街舞因其轻松随意、自由个性和反叛精神而理所当然地受到年轻人的喜欢，在过滤掉原有秆头舞蹈的痞味和夸张之后，街舞名正言顺地登上了大雅之堂——健身房。

HIP-HOP 是各种街舞的总称，包含了机械舞、霹雳舞等。它起源于美国街头舞者的即兴舞蹈动作（见图 9-35）。街头舞者以黑人或是墨西哥人为主，流行的街舞多半发源于美国纽约的布鲁克林区，一些黑人或是墨西哥人的孩子们成天在街上以跳舞为乐，形成各种派系，也很自然地在他们所跳的舞蹈上发展出不一样的。

街舞是爵士舞发展到 20 世纪 90 年代的产物，它的动作是由各种走、跑、跳组合而成，极富变化，并通过头、颈、肩、上肢、躯干等关节的屈伸、转动、绕环、摆振、波浪形扭动等连贯组合而成的，各个动作都有其特定的健身效果，既注意了上肢与下肢、腹部与背部、头部与躯干动作的协调，又注意了组成各环节各部分独立运动。因此街舞不仅具有一般有氧运动改善心肺功能、减少脂肪、增强肌肉弹性、增强韧带柔韧性的功效，还具有协调人体各部位肌肉群，塑造优美体态，提高人体协调能力，陶冶美感的功能。

街舞是美国黑人由一种发泄情绪的运动演绎成的街边文化，特色是爆发力强，在舞动时，肢体所做的动作亦较其他舞蹈夸张。最吸引人之处，是以全身的活力带来热情澎湃的感觉。

跳街舞能使人注意力集中，能增加兴趣浓厚，其动作优美、随意。同时，跳街舞还有瘦身功效，因为街舞是一种中低强度的有氧运动，在一个小时的运动中，消耗全身脂肪的作用是相当强的。此外，街舞是一种小肌肉运动，经常练习能增加全身的协调性，让的身材比例更趋标准。

二、街舞的分类

以动作为标准，街舞分两大类：Hip-Hop 和 Breaken。街舞一般可以分为两种，一种是个人的技巧街舞。个人技巧街舞是最早流行的一种街舞，因为它能体现年轻人精力旺盛的一面，其很多地面动作，譬如说翻滚、倒立、弹跳都是比较高技巧的个人街舞表演。另一种是集体街舞，是目前比较流行的街舞形式。它反映了大众的需要，跳起来比较简单，节奏感比较强，它既有舞蹈的感觉又有健身的作用，所以目前比较普遍的就是集体街舞。

(1)Breaken：技巧型街舞，要求舞者具有较高的力量、柔韧性和协调性，属于技巧性较高的体育舞蹈，所以最先为国内青少年所喜爱。跳这种类型舞蹈的青少年叫做 B-Boy 和 B-Girl。

20 世纪 80 年代，被称为"Hip-Hop 之父"的 D. J. Kool Herc 创造了 B-Boy 的概念，也就是 Breaken Boy。每年，全世界的许多国家都有一些为 B-Boy 们举办的比赛，较有名的是每年一度的 BOTY(Battle of The Year)和在英国举办的 B-Boy Champion，超过 10 个国家的百名参赛选手参加这样的盛事。比赛的优胜者很快就会声名远播，成为青少年的明星。

(2)Hip-Hop：Hip-Hop 翻译过来是嘻哈，RAP 翻译过来是饶舌，这两个概念不同。Hip-Hop 实际上不是音乐名词而是文化名词，包括说唱、涂鸦、街舞和 DJ 打碟四部分；RAP 起源于 20 世纪 60 年代，而作为音乐理解的 Hip-Hop 则起源于 20 世纪 70 年代初，它的前身是 RAP，有时候会加一点 RNB。

Hip-Hop 从字面上来看，Hip 是臀部，Hop 是单脚跳，加在一起就是轻扭摆臀，原先指的是雏形阶段的街舞(也就是以前的霹雳舞)，后来才逐渐发展成一种较大的概念——现在说的 Hip-Hop 文化还包括了那些宽大的衣服、沉甸甸的纯金饰品、平时说起话来就"YoYo，what's up?"的口语习惯——总之就是那种美国贫民街区里黑人的生活方式以及他们的"范儿"。

舞蹈型街舞，有 Poping，Locking，Electric，Turbo，House 等多种风格。它们都不如 Breaking 那样需要较高的技巧，但更要求舞者的动作协调性和舞感，以及肢体灵活性和控制力。好的 Hip-Hop 舞者同样需要艰苦的练习。由于 Hip-Hop Dance 不如 Breaking 那样技巧性强，也缺乏竞赛性，以前没有受到街舞爱好者足够的重视，现在随着舞蹈观念的增强，这种情况得到了改变，甚至 B-Boy 也开始练习并出现了许多全能型的街舞好手。

Hip-Hop 是人们最常接触的一种舞蹈，它有着幅度大而简单的舞步，能够表现出复杂的舞感。因为容易学习，跳起来也相当好看，所以很受大众喜爱。

(3)Poppin：机械舞，运用身体各部位的肌肉和关节，随着音乐的节拍，加上自己丰富的想像力，创造出令人惊讶的舞步，属于难度较高的街舞类型。

(4)Breaken：霹雳舞，也是一种难度较高的舞步，大体上可以分为两种类型：用手、头、身体在地上旋转，称为大地板；用肢体在地上踩出复杂变化的脚步动作，加上刁钻的倒立，称为小地板。当然，跳舞的同时也可以随意去搭配舞者所想表现的动作。

(5)Freestyle：这是一种出神入化的舞步，它将各种类型的舞蹈混合在一起，随心所欲地表现，没有舞蹈风格的限定，脱离一般舞蹈的规范，可以说是一种个性化的街舞。

(6)House：随着 house 音乐，运用复杂而神奇的步伐表现的一种舞步，它可以加上拉丁舞的扭腰、武术的空翻、踢踏舞的基本步以及芭蕾的转圈，跳起来既可以十分优雅，也可以相当狂野。

(7)New Jazz(女生专属)：这是一种由 Jazz 爵士发展而来的舞，专由女生跳的，很讲究柔美和瞬间爆发，以手臂的动作为主，腰的扭动和臀部的动作为辅，对身材要求很高，在欧美和韩国非常流行。其配乐是节奏化过后的爵士乐。

(8)Ragrea(雷鬼,女生专属):这个舞据说起源于法国,也有人说起源于美国,是非常性感的一种舞蹈,演绎的舞者穿着也很暴露,以下半身的动作为主,主要用到臀部,腰部,腿部,还会有一些简单的倒立,同时在空中摇晃大腿的诱惑动作。在色情业发达的日本其发展非常好。就是正常的演绎亦非常性感。

三、街舞在中国

中国青少年最早接触街舞始自20世纪80年代的美国电影《霹雳舞》,当时的霹雳舞(Break Dance)就是现在Breaking的前身。随着中国青少年对街舞理解的深入,他们逐步回归街舞的本源,以中国青少年自己的眼光和特点来实践街舞。

除了早期的霹雳舞,自20世纪90年代中开始,全国各地青少年就已经开始习练街舞。北京、上海、广州因为资讯发达,街舞开展比较早;河南郑州由于中原武术文化与街舞关系密切,Breaking舞蹈也起步较早。现在,全国各地都有练习街舞的青少年,在各个城市的街头广场都可以看见他们扎堆训练的身影。他们还经常组织小型的比赛(Battle,磕舞或拼舞),功夫最好的舞者能够赢得众多青少年的推崇。

青少年对街舞的热情引发了从文化艺术到商业广告对街舞的大量应用。可以看到,在许多知名艺人,如周杰伦、陈小春、萧亚轩、温岚的音乐录影带中,街舞少年的英姿频频出现。Nike、李宁、第五季、汇源、金蒂、Nokia等品牌的商业广告业使用了街舞造型,频频轰炸年轻消费者的视觉。2003年初北京人民大会堂上演的舞剧《巴黎圣母院》中,应用了大量街舞动作,形成独特的文化风景。

随着全民健身活动的兴起,街舞作为健身运动的一种也进入了各大城市的健身中心。许多舞蹈、戏曲、杂技的专业从业者也开始练习街舞,街舞在各个艺术院校中广为传播。在大学校园中,许多舞蹈社团也组织起来练习街舞;中学生利用课余时间从事街舞活动则更为普遍,他们在各大城市的居民社区中形成了青少年所特有的社区文化。中央电视台5套体育频道在几年前就开设了街舞教学节目(虽然教授的并不是纯正的街舞),3套舞蹈世界在2003年春节前也播出了特邀北舞堂拍摄的街舞专题节目。作为一种为青少年所喜爱的文化体育活动,街舞在全国各地已经广泛传播开来。

四、街舞能健身健心

1. 健身

专家们普遍认为街舞所具有的即兴、率真、轻松与激情活力的特征有助于身心的放松,这与街舞动感的节奏、尽兴的翻腾和宽松的着装有关。它没有特别固定的风格和模式,每个人跳出来的感觉都不一样,容易释放自己。首先在身体上,它所涉及的肢体动作夸张、爆发力强,在身体多部位动作的连贯组合的情境下,对小关节和小肌肉运动较多,可以增进平时一般的锻炼不容易活动的肌肉部位的弹性,起到减肥效果;街舞对身体协调性、灵活度的提高也有一定帮助,可以使人的身体比例更趋合理。

2. 健心

它对心理的调节和缓解作用，主要表现在舞者在对音乐内涵的诠释过程中，由于街舞不像体操那样有规定的动作，而是让舞者尽情发挥，在再创作中拓宽表现空间，充分展示自己的风格，让街舞的特质淋漓尽致地发挥。街舞的趣味性、丰富性、随意性，在有氧运动中能提高心肺功能，使压抑的神经和身体同时放松。街舞对健身和健心的作用与其他项目是不能横向比较的，但适度的街舞运动首先对于身体健康来说是安全的，其次去追求锻炼的效果。这个项目比较青春，比较有活力，强度相对来说比较大，所以尤其适合年轻人，它的健身效果比强度低的健身项目的效果更好一些。

大多数健身者的体会，都是健身虽好，但难以坚持。而街舞以它的丰富性和趣味性，让练习者始终带着笑容去训练。因而有经验的教练在街舞课中，往往更关注的是大家是否愉快和尽兴，动作是否奔放和洒脱，是否达到了彻底的心理放松，这也是都市上班族喜欢它的一个重要原因。通过街舞的运动就是要把生活压力尽情宣泄出来。

3. 街舞在健美操中的作用

在专业健美操运动员的日常训练中，常用这种 Hip-Hop 来训练运动员的协调性、表现力等综合素质，有时也会做表演之用。由于街舞的外在表现时尚，运动强度适中，所以它进入健身房便成为可能。不过健身房的街舞在动作的选择上更注重其安全性、锻炼价值、健康向上及个性表现为，所以练习者在消耗脂肪的同时，也缓解了精神压力。本人认为健身房里的 Hip-Hop 对于调节练习者的心理所起的作用更为突出。因此，有人称之为“是唯一让人带着笑容进行训练的运动”。

五、初练街舞注意什么

初步学习街舞时，切不可一下子就加大运动量，要循序渐进。通常是先做热身活动，将身体的各个关节、韧带，尤其是膝、踝关节要充分活动开，以免跳动时受损伤；而后进入一定强度和时间的练习，最好不要少于 30 分钟；最后采用各种伸拉练习使身体放松。这样三个步骤才能取得较好的瘦身效果。

由于每个人的年龄、体能和健康状况不同，因此每个人的运动强度各不相同。“运动强度”一般用“最大心率”表示，计算跳街舞时最适宜的心率：

若为 25 岁，不常参加体育锻炼，体能一般，选择街舞为瘦身运动项目，那么最大心率为 220-25＝195（次/分钟），适宜的运动强度（锻炼心率）应该是（60％～75％）×195＝117～146（次/分钟）。

参考文献

1　于长菊，主编. 健美操. 西安：陕西人民出版社，2004.

2　马鸿韬. 健美操运动教程. 北京：北京体育大学出版社，2007.

3　国家体育总局体操运动管理中心，中国健美擦协会. 健身健美操教练员指导培训教材. 北京，2004.

4　国家体育总局体操运动管理中心，中国健美操协会. 全国大众健美操比赛评分规则. 2003.

5　国际体育总局体操运动管理中心，中国健美操协会，国际体操联合会. 竞技健美操竞赛规则(2005—2008 版)，2005.

6　王爱兰，主编. 艺术体操. 北京：人民教育出版社，1999.

7　郑先红. 瑜伽教练员资质认证课程初、中级教材(试用). 北京体育大学，2004.